鍾馗研究

鄭尊仁◎著

圖一　〈鍾馗〉，年畫，清代，天津市楊柳青。

圖二 〈鍾馗〉，年畫，清代，江蘇省桃花塢。

圖三　〈鎮宅除邪〉，晚清，山東省楊家埠。

圖四　〈鍾馗〉，山東濰坊。

圖五 〈馗頭〉，清代，河北省武安縣。

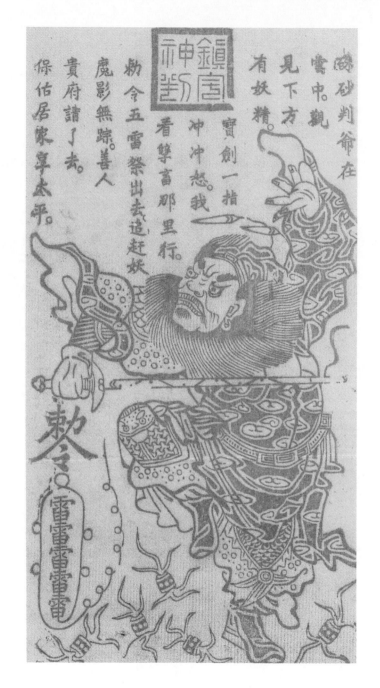

圖六 〈鎮宅神判〉，版畫。

圖七　〈托錢鍾馗〉，門畫，清代北京。

圖八　〈鍾馗與琴〉，少林寺石刻拓本，1624年。

圖九　〈寒林鍾馗〉局部，明，文徵明。

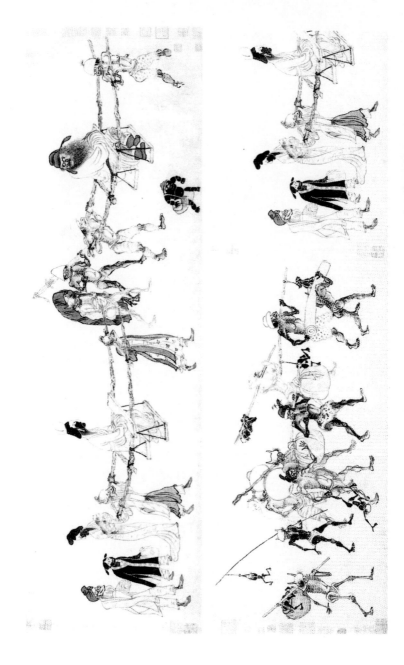

圖十 〈中山出遊圖〉，龔開（1222年～約1304年），美國弗瑞爾藝廊藏。

圖十一　〈鍾馗送妹〉，年畫，清代楊柳青。

圖十二　〈五鬼鬧判〉，年畫，藏於俄羅斯。

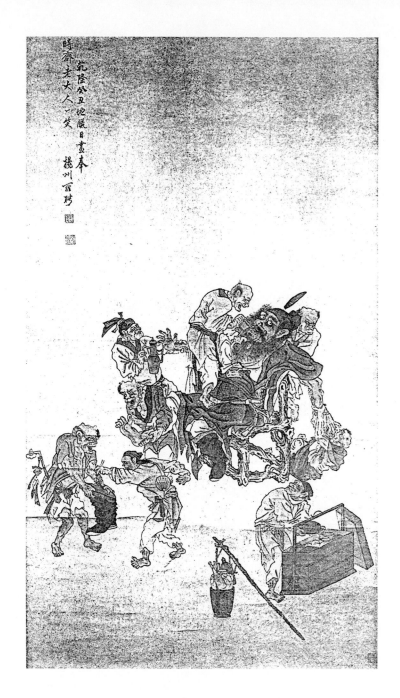

圖十三　〈鬼戲鍾馗〉，羅聘，清代。

目　次

第一章　緒論

第一節　研究動機

　　鍾馗是民間所熟知的捉鬼人物，正史中雖未見此人，但早在南北朝時期，即有人用「鍾馗」二字來取名，可見其出現之早。鍾馗的故事雖然不多，卻分布極廣。自唐朝以來，其事蹟便散見於筆記小說及詩文、笑話、敦煌驅儺文、戲曲、小說、畫譜甚至醫書之中。而且鍾馗一直是文人及民間畫家所喜愛的題材，在民間也有掛鍾馗畫及跳鍾馗的習俗。由這許多有關鍾馗的資料當中，歸納出鍾馗故事演進的過程，是為研究動機之一。

　　再者，鍾馗既然存在於以上各個不同的領域，那麼當初它是如何進入的？更重要的是，鍾馗進入了這些領域之後，對它本身的故事發展有無影響？是為研究動機之二。

　　此外，目前的鍾馗形象十分複雜，民眾對它的看法也不一樣。例如據沈平山說：「有些老人，每在陰暗處行走，即念『鍾馗在此』，心靈一有寄託，百邪不能侵[1]。」這是對鍾馗十分相信的表現。但也有不少人對鍾馗抱以嘲謔的態度，不僅有以鍾馗遭小鬼戲弄為題材的畫存在，「五鬼鬧判」甚至還成了此題材的專有名詞。另外臺灣今天的「跳鍾馗」，乃是充滿恐怖禁忌的表演，表演前要求閒人離開，不得不在場的人也要有符咒護身，表演者因為本身法力不夠或不小心觸犯禁忌而死於非命的事亦時有所

聞。但是平劇及梆子戲的《鍾馗嫁妹》劇目，則充滿了歡
樂的氣氛。為什麼鍾馗會有這些不同的性格存在？對這個
問題的探討，是為本書的研究動機之三。

第二節　研究方法

　　由於鍾馗故事並不豐富，但卻有很複雜的內涵，其
中所包括的各因素之間彼此又有牽扯。而且鍾馗故事一出
現，便已經成形了，後世絕少改動，再加上關於鍾馗故事
之前身的資料又極少。所以在研究方法的設計上，便不能
以故事的成形、故事的發展等畫分法。而必須先將已成形
的鍾馗故事析離，探查其中究竟含藏了些什麼，再個別探
討這些不同因素帶給鍾馗故事的影響，它為什麼會進入鍾
馗故事之中？以及在這個故事裡發揮了什麼作用？如此才
能全面地瞭解這個故事的含義。

　　故本書首先將針對歷代學者們對鍾馗問題的研究成果
作一番簡述，以清楚本書的研究背景，並且提出一些個人
的意見。而以下各章，由標題名稱即可瞭解其方向，茲簡
述如下：

　　第二章鍾馗的出現：由最早有關鍾馗的記載開始，先
探討其名稱的來源，對鍾馗信仰的起源做一番追索，並且
分析鍾馗故事，找出各種傳承的因素。

　　第三章鍾馗和民間信仰與民俗的關係：由上章的分析，
瞭解到鍾馗故事和民間信仰及民俗有很大的關係。本章即
個別來討論這些不同的信仰與民俗對鍾馗故事的影響。

　　第四章影響鍾馗故事發展的其它因素：由於鍾馗故事上有許多題材，都是先在其它領域中出現之後，才進入文學的範圍。這些新題材不僅豐富了故事，也使得鍾馗的性格更加複雜。故本章主要探討其它藝術活動對鍾馗故事發展所起的作用。

　　第五章鍾馗故事的進一步擴充─三本鍾馗小說：三本小說的出現，為鍾馗增加了許多新故事。尤其是《斬鬼傳》及《平鬼傳》二書，更是直接以鬼寫人，開啟了鍾馗故事的新境界。故本章將介紹各書故事梗概及特色，並旁及其傳承關係。

　　第六章臺灣的跳鍾馗：在結束了以上的討論之後，回歸到現實生活，看今天臺灣的跳鍾馗習俗有些什麼特徵。並且也將討論因為跳鍾馗而引發的新故事。

　　第七章結論：總結上述各章的研究成果，對鍾馗故事在發展過程中所受到的各種影響，以及故事本身在各領域中的轉變，做歸納整理。以明本書的研究成果。

第三節　前賢研究簡評

　　沈括第一位記錄了完整鍾馗故事的人，而對此故事的真實性產生懷疑也是從他開始。在《夢溪筆談‧補筆談》卷三的鍾馗故事之後有一段評論，指出不論是南朝宋或是後魏及隋等，都早已有人取名為「鍾馗」，所以鍾馗此人不可能晚至唐開元時才出現。開元時出現的乃是鍾馗畫罷了。其文曰：

皇祐中，金陵上元縣發一冢，有石誌，乃宋征西
將軍宗愨母鄭夫人墓。夫人，漢大司農鄭眾女也。
愨有妹名鍾馗。後魏有李鍾馗，隋將喬鍾馗、楊
鍾馗。然則鍾馗之名，從來亦遠矣，非起於開元之
時；開元之時，始有此畫耳。「鍾馗」字亦作「鍾
葵」[2]。

降而至明，則有郎瑛、楊慎、李時珍、胡應麟、顧炎
武等人，對鍾馗的起源做了一番考證。

郎瑛（公元一四八七至一五六六）在《七修類稿》卷
二十三中，針對《補筆談》的懷疑提出了新的證據，證明
沈括的推測不誣。郎瑛云：「予嘗讀《北史》，有堯暄本
名鍾葵，字辟邪。意葵字傳訛，而捉鬼事起於字也。昨見
《宣和畫譜‧釋道門》云：『六朝古碣得于壚墓間者，上
有鍾馗字，似非開元時也。』按此正合其時。葵字之訛，
恐如薛仁貴碑，實名禮，而傳寫之謬[3]」郎瑛不但以畫譜的
記載為證，說明六朝時已有鍾馗之名。並且認為捉鬼之說
根本就是由堯暄字辟邪而來。

與郎瑛同時的楊慎（公元一四八八至一五五九）也將
鍾馗辟邪的說法歸之於堯暄，謂：

俗傳鍾馗起於唐明皇之夢，非也。蓋唐人戲作鍾
馗傳，虛構其事，如毛穎、陶泓之類耳。北史堯暄
本名鍾葵，字辟邪，後世畫鍾葵於門，謂之辟邪，
由此傅會也。宋宗愨妹名鍾葵，後世畫工作鍾馗嫁

妹圖，由此傅會也。但葵、馗二字異耳。又曰，終
葵、菜名。周禮考工記：大圭終葵首。註：終葵，
椎也。疏：齊人謂椎為終葵。禮記：玉藻：天子搢
珽。註：挺然無所屈也，或謂之大圭，長三尺，杼
上鍾馗首，於杼上又廣其首，方如椎頭，是謂無所
屈，後則恒直。[4]

楊慎試圖解決三個問題，一是鍾馗辟邪之說起於何
時？二是為何會出現鍾馗嫁妹之說？三是「鍾馗」二字的
起源。對於第一個問題，楊慎明顯地支持堯暄字辟邪就是
附會的來源。而鍾馗嫁妹之說則指沈括的記載為傳說之所
本。對於第三點，他首次將「鍾馗」二字的起源上溯至經
書，不過只是羅列出《周禮》及《禮記》上的資料，並未
推論出確定的答案。雖然如此，但是從楊慎起，後世便有
了鍾馗即終葵的說法。

其後胡應麟（公元一五五一至一六零二）曾引用楊慎
的話，內容雖然和上文有所出入，不過重點是在「本無其
人」的結論上。

《少室山房筆叢》卷二十二鍾馗條云：「考工記曰：
大圭首終葵。註：終葵，椎也，齊人名椎曰終葵。蓋言
大圭之首似椎爾。金石錄：晉、宋人名以終葵為名，其後
訛為鍾馗。俗畫一神像，帖於門首，執椎以擊鬼，好怪者
便傅會，說鍾馗能啖鬼。畫士又作鍾馗元夕出遊圖，又作
鍾馗嫁妹圖，訛之又訛矣。文人又戲作鍾馗傳，言鍾馗為
開元進士，明皇夢見，命工畫之，尤為無稽。按孫逖張說

文集，有謝賜鍾馗畫表，先於開元久矣，亦如石敢當本急
就章中虛擬人名，本無其人也。俗立石於門，書泰山石敢
當，文人亦作石敢當傳，虛辭戲說也。昧者相傳，久之便
謂真有其人矣[5]。」他並且否定了鍾馗辟邪之說出於堯暄
的看法：「鍾馗之說，蓋自六朝以前，固以有之，流傳執
鬼，非一日矣。堯暄之本名鍾葵，宗氏之妹名鍾馗，皆即
以鬼神為名，故暄名鍾葵而字辟邪者，即取鍾馗能驅邪避
耗之意。後人既不得鍾馗出處，見暄名鍾葵，又有辟邪之
字，反以世傳鍾馗為出於此，豈不甚乖處哉！……續讀龍
舒淨土文，有唐人張鍾馗，蓋亦借鬼神為名，若堯暄及宗
愨妹，彼此互證，益信吾所見不誣[6]。」最後並有結論曰：
「鍾馗之名，當起於六朝，蓋習俗相傳，鬼神名號，因有
不可致詰者，必求其人出處以實之，非穿鑿則附會耳[7]。」
他認為鍾馗之名稱起於六朝是可以確定的，然而其名之
由來早已湮沒不彰，不必深究。楊慎雖然提出了《周禮》
等書記載的「終葵」作為線索，但是這兩個字除了和「鍾
馗」同音之外，似乎並沒有直接的關係。所以胡應麟才會
有如此消極的看法。

　　此外，胡應麟也引了陳心叔對楊慎之說的意見：

　　「考工記云：大圭首終葵。註云：終葵，椎也。正韻
云：葵亦作楑。楊子卮言：即以鍾馗之訛本於此，似無確
據。若以字音相同，則左傳殷人七族有終葵氏，爾雅釋草
篇有終葵、中馗二草名，豈可曲引為證？或云：鍾馗當作
終夔，謂六書本義，終有窮極畢死之義。古文夔一作馗，

集韻馗、夔、逵、通用。夔，山鬼，孔叢子所謂土石之怪，夔罔兩是也。窮治邪鬼，故稱終夔耳。此亦意撰也。若然，則作鍾馗亦可，鍾有收聚之意，何必改鍾為終？俗繪鍾馗執鬼以衛宅，韻府云：鍾馗，鬼名，非也[8]。」

　　陳心叔由「鍾」和「馗」二字的字義來考察，打破了以往由字音出發所遇到的瓶頸。他認為「夔」就是鬼怪，「終」有窮極畢死之義，故合成一個有殺鬼之意的詞組，叫作「終夔」。此說雖似有理，不過「鍾」字本身即有收聚之義，何必將它改為「終」再改回姓名的「鍾」呢？而且史書上記載的人名不是「鍾馗」就是「鍾葵」，雖有人取名為夔，但沒有出現叫做「終夔」的人，事實上連這個詞組是否存在過都還是個問題。

　　至此可以下三個小的結論：一、由六朝人曾取名為鍾葵來看，其名稱之出現必是在唐朝之前。二、堯暄本名鍾葵，字辟邪，他的字與後世的鍾馗所執行的任務相同，故「鍾葵」應該等於「鍾馗」。三、明朝時對鍾馗的起源已有「不得出處」之歎，且討論的中心都圍繞在沈括的故事上打轉，可見鍾馗故事在明朝之前便已經定形了。

　　晚明的顧炎武除了提出更多歷史上以鍾葵為名的例子之外，並且進一步為「終葵」即鍾馗之說尋找證據。《日知錄》卷三十二〈終葵條〉：

　　　考工記：大圭長三尺，杼上終葵首（原註：終葵，椎也，為椎於其杼上，明無所屈也。）禮記玉藻：終葵，椎也。方言：齊人謂椎為終葵。馬融廣成

頌：鼕（原註：揮同）終葵，揚關斧（原註：博雅
作終揆）。蓋古人以椎逐鬼，若大儺之為耳。今人
於戶上畫鍾馗像，云唐時人能捕鬼者，玄宗嘗夢
見之，事載沈存中補筆談，未必然也（原註：五代
史，吳越世家：歲除，畫工籍鍾馗擊鬼圖）魏書：
堯暄本名鍾馗，字避邪。則古人固以鍾馗為避邪
之物矣。又有淮南王佗子名鍾葵，有楊鍾葵，丘鍾
馗，李鍾馗，慕容鍾馗，喬鍾馗（原註：北史庶人
諒傳作喬鍾馗；又恩倖傳末有宮鍾馗，馗字兩見，
而楊義臣傳仍作喬鍾葵。），段鍾葵，于勁字鍾
葵，張白澤本字鍾葵。唐書有王武俊將張鍾葵（原
註：通鑑作終葵），則以此為名者甚多。豈以其形
似而名之，抑取辟邪之義與？左傳定四年，分康
叔以殷民七族，有終葵氏，是又不可知其立名之
意也[9]。

　　顧炎武首次引用馬融〈廣成頌〉為例，證明終葵在古
代是用來逐鬼的工具，如此一來，逐鬼的「鍾馗」便有可
能是由「終葵」演變而來。二者之間除了發音之外，又多
了意義上的相同。

　　明代的李時珍則由植物的觀點出發，以《爾雅・釋
草》為主。由另一個角度探討終葵一詞的來源，認為終葵
乃是一種植物，由於椎頭像終葵形，故將椎名為終葵。

　　顧炎武雖然提出終葵乃逐鬼之物的說法，但是並未清
楚說明終葵和鍾馗之間的關係。清代學者趙翼則以明代諸

人的見解作了推論，《陔餘叢考》卷三十五：

> 顧寧人謂：世所傳鍾馗，乃終葵之訛。其說本于
> 楊用修、郎仁寶二人。仁寶《七修類稿》云：《宣
> 和畫譜・釋道門》載六朝古碣得於墟墓間者，上有
> 鍾馗二字，則非唐人可知。《北史》：魏堯暄本名
> 鍾葵，字辟邪。意葵字傳訛，而捉鬼之說于此也。
> 用修〈丹鉛總錄〉云：唐人戲作《鍾馗傳》，虛構
> 其事，如毛穎、陶泓之類也。蓋因堯鍾馗字避邪，
> 遂附會畫鍾葵於門，以為避邪之具。又宗愨妹名鍾
> 葵，後世因又有鍾馗嫁妹圖，但葵、馗二字異耳。
> 《周禮・考工記》：大圭終葵首。注：齊人謂椎為
> 終葵，圭首六寸為椎，以下殺。《說文》：大圭長
> 三尺，杼上終葵首，謂椎於杼上，明無所屈。《禮
> 記・玉藻》：天子搢挺，注亦同云云。是用修之說
> 較仁寶更詳，則鍾馗由堯終葵字辟邪之訛，固屬有
> 因。而大圭之終葵何以轉為人名之終葵，則未見
> 的義。顧寧人乃引馬融廣成頌：揮終葵，揚玉斧，
> 謂古人以椎逐鬼，後世以其有辟邪之用，遂取為人
> 名。流傳既久，則又忘其為辟邪之物，而意其為逐
> 鬼之人，乃附會為真有是食鬼之姓鍾名馗者耳。胡
> 應麟《筆叢》，朱國楨《湧幢小品》，亦引堯終葵
> 字避邪，以為鍾葵本避邪之物，然俱不如寧人引馬
> 融頌之融貫也。至用修謂唐人戲作《鍾馗傳》，則
> 不詳其載在何書[10]。

　　趙翼除了支持顧炎武的說法，以《周禮》為標準答案。他並且認為《爾雅》上所記載的終葵與《周禮》的終葵是兩回事，任何想要彙通二者的行為，都是可笑的。他說：

> 至高江村釋《考工記注》：「終葵謂蔓生之物，葉圓而厚，圭首之圓厚如之，故以為名。」此未免臆說。顏之推曰：北齊有一士讀書不過二三百卷，嘗出境聘東萊王韓。問玉珽上首終葵首當作何形，答曰珽頭曲圓，勢如葵葉耳。韓為忍笑。江村之類，毋乃類是。要之，但據《考工記注》槌曰終葵，再以馬融所頌終葵逐鬼之物證之，自可了解，毋庸更多枝辭也[11]。

　　此後，鍾馗乃是起源於終葵（椎），似乎已成定論。直到民國，才有新的說法出現。

　　到了近代，則有胡萬川、何新、馬雍、王正書等多位學者，從各種角度對鍾馗的起源提出不同的看法。

　　胡萬川所著《鍾馗神話與小說之研究》一書，對於鍾馗神話的內涵，鍾馗信仰的起源，以及現存三本鍾馗小說的分析等，均有獨到的見解。胡先生認為：

> 以流傳於世的鍾馗神神話來說，它是附著於鍾馗信仰的產物。也就是說，是先有了鍾馗信仰這一事實，然後才有鍾馗神話，鍾馗神話就是鍾馗信仰的解說[12]。

　　至於鍾馗信仰的起源，胡先生說：

筆者認為鍾馗信仰實際就是古來驅疫逐祟大典「大儺」的轉化。大儺之儀，論語鄉黨篇即已提及，禮記樂令、周禮、呂氏春秋、淮南子等更有頗為詳細的記載，可見其淵源流長。而自後漢書以迄新唐書，歷代史書對於當時舉行大儺的盛況都有專章描述，更可見其受重視的情形。

大儺之儀是古來全國上下於歲除之際共同舉行的驅疫大典，主持人叫「方相氏」，是頭戴奇醜鬼面具的祭師。「方相」本來也是一種鬼魅的名稱。以裝成醜陋可怖的「方相」驅鬼，正是「以惡制惡」的巫術心理。鍾馗面貌奇醜，正是「方相」的轉化。而鍾馗信仰之為驅疫，之與年終歲除有關，更是大儺遺意[13]。

胡先生對鍾馗起源的看法，已經指出鍾馗起源之複雜性，必須由信仰及民俗等不同方面去著手。否則若單由字面去求解，是不會有新發現的。

何新〈鍾馗考〉一文對鍾馗的起源有不同的看法。何先生認為：「魏晉以後傳名之鍾馗，實乃殷商著名巫相「仲傀」傳說之變形。」又『仲傀』古書中或書作『仲虺』。『仲』（知東反），『雄』（雲東反），古韻同在東部，乃一聲之轉。『仲虺』亦即『雄虺』也。傳說『雄虺九首』，案九首合文正是馗字，以是可知，後世所謂鍾馗者，實乃仲傀─仲虺─雄虺之變名也[14]。」此說看似有

理，但證之最早以鍾馗為名的北朝人，大部分都把「馗」寫成「葵」，也就是說，並沒有九首的含意。如此一來，就和何先生的說法有所牴觸。

王正書在〈鍾馗考實〉一文中則認為：「鍾馗其人及歷代傳其驅鬼辟邪的觀念，實起源於上古巫術，他是由先代位居祝融之號的重黎衍生而來。」「到了商代，秉其職而取其名的是仲虺其人。『重』與『仲』音同，『回』與『虺』為一聲之轉。」至於仲虺如何會轉變為終葵呢？王先生認為，終葵本是一種椎形體。「由于原始巫術中的羽冠取自此形，並長期作為巫師跳神驅鬼的一種裝束，故在商代便約定俗成為從事巫職的標記。商代通行以職為氏，為此，由巫相仲虺形成的族系，也就被稱之『終葵氏』。《左傳‧定公四年》載成王分康叔以殷民七族中，就有對『終葵氏』的記載，這是一個專門從事神職工作的人或集團[15]。」而商代的終葵氏到了周代，由於巫師的裝束變化，改戴方形鬼面，故改稱「方相氏」。他認為鍾馗之得名，乃是由於羽冠之形像椎而來。但是目前對於椎的形狀仍然沒有定論，又如何斷定那一種才是「終葵形」呢？

關於鍾馗起源的文章，還有許多學者寫過。但大多是支持由終葵轉化的說法，而胡先生等人則是觀點較為特殊的幾位。在以上的敘述中，可以發現鍾馗的起源並不單純，無論從終葵、大儺或巫術，都有一些道理可講，但也都有講不通的地方。以下將以前人的研究成果為基礎，繼續嘗試尋找答案。

註釋：

1. 沈平山：《中國神明概論》（臺北：新文豐出版股份有限公司，民國六十八年六月），頁一八八。

2. 沈括撰，胡道靜校注：《新校正夢溪筆談》（香港：中華書局，一九七五年一月香港第一版），頁三二一。

3. 郎瑛：《七修類稿》（臺北：世界書局，民國五十二年四月初版），頁三四三。

4. 楊慎：《丹鉛總錄》（臺北：商務印書館，景印文淵閣四庫全書第八五五冊），頁四八九。

5. 胡應麟：《少室山房筆叢》（臺北：世界書局，民國五十二年初版），頁二九二。

6. 同上註，頁二九五。

7. 同上註，頁二九五。

8. 同上註，頁二九二~二九三。

9. 顧炎武撰，黃汝成集釋：《日知錄集釋》（日本京都：中文出版社，一九七八年十月出版），頁七六六。

10. 趙翼：《陔餘叢考》（永和市：華世出版社，民國六十四年十月初版），頁四〇六。

11. 同上註。

12. 胡萬川：《鍾馗神話與小說之研究》（臺北：文史哲出版社，民國六十九年五月初版），頁十三。

13. 同上註，頁四。

14. 何新：〈鍾馗考〉，《諸神起源》（臺北：木鐸出版社，民國七十六年六月初版），頁三一七。

15. 王正書：〈鍾馗考實〉，《中國民間文化》（上海：學林出版社，一九九三年四月第一版），頁一二二。

第二章　鍾馗的出現

　　整理了學者們對鍾馗起源的意見，可以發現這是個很難解的問題。一旦解決了鍾馗的名稱問題，就又發現其與實質的內涵不合；反之亦然。要想找出一個兩全其美的答案，似乎不大可能。不論是從「鍾馗」二字的字形、字音、字義，或是從巫術、宗教的角度看，都不能一次解決兩個問題。

　　要想由「鍾馗」這個名稱來找出鍾馗信仰的來源，經過學者們的多方嘗試，嚴格說來仍然沒有確定答案。不論由「鍾馗」二字推論出來的是「終葵」、「仲虺」或是「重黎」等名，都有不盡完善之處。可以說「鍾馗」二字本身就是難以解決的問題，更遑論由這二字來推想其信仰的來源了。

　　而鍾馗的實質內涵毫無疑問是驅鬼的巫術思想，但若想由這個角度來找出「鍾馗」二字的由來，卻又會回到「終葵」的老路上。即便是有其它說法，似乎也很難圓通。

　　本章將試圖分別由鍾馗的名稱及內涵兩方面，來探討鍾馗的起源。這樣的安排是希望能藉著個別的研究，而更清楚瞭解這個問題。

第一節　鍾馗的名稱

一、最早的鍾馗人名

依目前所見資料，於北齊後主年間，有宦者名「宮鍾馗[1]」。而在同一時代同一朝廷上，還有另一位近臣叫「慕容鍾葵[2]」。這似乎是兩個不同的名字，不過再查《北史‧庶人諒傳》，有柱國「喬鍾馗」，同一人在《北史‧楊義臣傳》中則寫作「喬鍾葵」。同一個名字有兩種不同的寫法，可見「鍾馗」和「鍾葵」二者必有某種關係。由於當時以「鍾馗」為名者並不多，如此一來就擴大了尋找鍾馗名稱的來源。確定了這兩者的關連之後，再翻查以「鍾葵」為名者，可得出下表：

北魏	獻文帝	張袞之孫白澤，本字鍾葵，獻文賜名白澤[1]。
		于勁字鍾葵[2]。
		枹罕鎮將西郡公楊鍾葵[3]。
	孝文帝	頓邱王李鍾葵[4]。
		淮南王子名鍾葵[5]。
		堯暄字辟邪，本名鍾葵[6]。
北齊	後主	有宦者宮鍾馗[7]。
		慕容鍾葵等宿衛近臣[8]。
隋	文帝	柱國喬鍾馗出雁門[9]。
		處綱之父名鍾葵[10]。
	煬帝	蜀郡都尉段鍾葵[11]。
唐	玄宗	武俊使張鍾葵攻趙州[12]。

1.	北史卷二十一，列傳第九，張袞傳。
2.	北史卷二十三，列傳第十一，于栗磾傳。
3.	北史卷九十六，吐谷渾。
4.	北史卷三，魏本紀第三。
5.	北史卷十六，列傳第四，道武七王。
6.	北史卷二十七，列傳第十五。
7.	北史卷九十二，列傳第八十，恩幸傳。
8.	北史卷八，齊本紀。
9.	北史卷七十一，列傳第五十九，隋宗室諸王，庶人諒傳。
10.	北史卷七十一，隋宗室諸王。
11.	北史卷七十八，列傳第六十六。
12.	新唐書卷二百一十一，列傳第一百三十六，藩鎮鎮冀，王武俊傳。

這張表提供了一些事實：

一、馗和鍾葵有互見的情形，而唐代的王武俊部將張鍾馗，於《資治通鑑》中作「張終葵」。可見鍾馗之名在當時尚未定型。

二、以鍾葵為名者上至王公貴族，如頓邱王，淮南王子；下至宦官、軍官，及一般百姓，如宦者「宮鍾馗」，都尉「段鍾葵」，王武俊將「張鍾馗」，于勁字「鍾葵」。可以說這是個各階層都能接受的名字，這也間接說明了此名在當時的普遍性。

三、雖然這個名字很普遍，可是似乎有點不雅。故張袞之孫本字鍾葵，獻文賜名白澤；堯暄本名鍾葵，後賜名暄。不過「不雅」並非「不吉」或「不好」，否則也不會

有這麼多人給小孩取這種名字。而由這點來看，就算當時已有鍾馗故事在流傳，其情節也不至於像後世那慘烈。

四、堯暄本名鍾葵，字辟邪。晚明的顧炎武以此來推斷當時鍾葵已是辟邪之物，此說應該是可信的。父母以辟邪之物為小孩取名，其用心不難理解。如《北史》卷九十六有人名「楊辟邪」，卷四十六有「劉桃符」，卷八有「衛菩薩」，都是相同的情況。只不過這些名稱的使用沒有「鍾葵」普遍罷了。

將這些推論與前表結合，可以作為繼續往上追溯的基礎。以下即由此展開對鍾馗名稱來源的探索。

二、鍾馗名稱的來源試探

由上面的第一點推論來看，鍾馗、鍾葵與終葵有互見的情形。「鍾葵」二字沒有什麼意義，不會使人產生任何聯想。但「終葵」則不然。《周禮·冬官考工記》云：

> 大圭長三尺，杼上終葵首，天子服之[3]。

鄭玄在此資料下注云：

> 王所搢大圭也，或謂之珽。終葵，椎也。為椎於其杼上，明無所屈也[4]。

這兩條資料明顯是在說明大圭這種玉器的外形和用途，可是由於它提到了「終葵」二字，而終葵又和鍾馗同音，故引起了學者們的注意。此外它的時代甚早，又出現於以前學者們所熟讀的經書，故民國之前對鍾馗的解釋多

以此為鍾馗的起源。

只從字形來看，由「終葵」演進到「鍾葵」再到「鍾馗」似乎十分合理，但是這三者是否真的有演進的縣係？要解決這個問題，必須先瞭解《周禮》的終葵到底是指什麼。

鄭玄對終葵的解釋是：「終葵，椎也。」不僅沒有解釋清楚，反而提出了另一個爭論的問題，終葵既然是椎，那麼椎是什麼呢？說文解字釋「椎」云：

> 所以擊也，齊謂之終葵，從木佳聲[5]。

段玉裁在此字下對《周禮》之所以會出現終葵這個詞作了解釋：

> 考工記終古、終葵、椑，皆用齊言，蓋齊人作[6]。

據此僅能判斷在漢代的齊地曾有終葵此語，其義為椎，但「椎」究竟是什麼呢？鄭玄的注並沒有解決終葵是什麼的疑問。

另外在《爾雅》也有關於終葵的記載。《爾雅·釋草》有「終葵繁露」條，晉郭樸注云：

> 承露也，大莖小葉，葉紫黃色[7]。

此處所提到的「終葵」是否即《周禮》的「終葵」？「大莖小葉，葉紫黃色。」並沒有提到它的形狀。不過後世倒有人據此而認為鍾馗本是植物名[8]。

圭之上既是椎形，那麼瞭解圭整體的形狀，或許對椎形的瞭解會有幫助。《說文解字》釋「圭」云：

圭，瑞玉也，上圜下方[9]。

可見許慎認為圭之上是作圓形，也就是說終葵的部份是圓形的。然而《禮記・玉藻》有句「天子搢珽，方正於天下也。」鄭玄注云：

> 此亦笏也，謂之珽，珽之言挺然無所屈也。或謂之大圭，長三尺，杼上終葵首。終葵首者，於杼上又廣其首，方如椎頭，是為無所屈，後則恒直[10]。

此處鄭玄則認為椎是方形，與許慎的觀點差異極大。由此可看出一點，那就是早在漢朝就已經不知道終葵究竟是什麼。後世之人以他們的解釋來作研究，自然求不到答案了。

《爾雅・釋草》又有「中馗菌，小者菌」條，注云：

> 地蕈也，似蓋今江東名為土菌，亦曰馗廚，可啖之。」疏曰：「釋曰此辨菌之大小之異名也，大者名中馗，小者即名菌[11]」。

若說「終葵」是因音近形似而被懷疑和鍾馗有關，那麼此處的「中馗」不是更像嗎？它之所以未被前輩學者列入考慮，恐怕是因為它太明顯和鍾馗無關了。而學者們所以會選終葵這條路線而不從中馗來推想，主要的著眼點是在它的義而不是音。由於「終葵」就是椎，而椎又有「擊」的意思，所以才有人推想，古人以椎逐鬼，而椎又變成鍾馗了。主此說的人又引馬融〈廣成頌〉為例：

肇（原註：揮同）終葵‧揚關斧。

顧炎武即以為「蓋古人以椎逐鬼，若大儺之為耳[12]。」此說看似有理，然而只要把〈廣成頌〉多引幾句，就會發現頗有問題。馬融〈廣成頌〉云：

> 導鬼區，徑神場，詔靈保，招方相，驅厲疫，走蜮祥。捎罔兩，拂游光，枷天狗，繫墳羊。然後緩節舒容，斐回安步，降集波籛，川衡澤虞，矢魚陳罟。茲飛、宿沙、田開、古蠱、肇終葵，揚關斧，刊重冰，撥蜇戶，測潛鱗，踵介旅。逆獵湍瀨，濟薄汾橈，淪滅潭淵，左挈夔龍，右提蛟鼉，春獻王鮪，夏薦鼈黿[13]。

文中清楚可見，驅除厲疫、罔兩等鬼物的乃是「靈保」及「方相」二人。待他們的工作完成之後，皇帝等人才能「緩節舒容，斐回安步」，開始打獵。之後的敘述完全是打獵情景的描寫，與逐鬼毫無關係。

以上由「終葵」的字形、字音、字義三方面來看，都找不出和鍾馗有傳承的關係。可見光由字面上的研究，是不能解決這個問題的。

若是拋開經師的說解，而由出土文物來看。胡萬川曾以周代之瑞圭上的圖案為例，認為：「如果『鍾馗』果真是由『終葵』衍變而來，而『終葵』又是古代齊地人用以指此種『圭』的話，那麼，後代鍾馗之由來，及其造形之凶猛可怖，便可能是受此種『圭』上圖形的暗示而聯想

[14]。」胡先生由圭上的圖案著手,提出鍾馗的凶猛面貌可能由此而來。如果此說法可以成立的話,那麼「終葵」到「鍾葵」再到「鍾馗」的演變關係就可以確定,因而也就解決了鍾馗起源的問題了。在郭淨的《中國面具文化》一書當中,曾提及一幅玉圭圖案[15],一面刻巫師像,一面刻饕餮紋。有趣的是,此巫師雙眼圓睜,獠牙外露的相貌,與目前川劇中的鍾馗臉譜十分相像[16]。不過,二者的年代相差如此久遠,是否有傳承關係還有待詳細考察。

對「終葵」名稱的來源討論至此,似乎離南北朝時期的實際情況愈來愈遠。若是回到前面所整理的表及四點小結論上,則可以得出以下幾個線索:

一、為什麼鍾葵這樣一個從未見記載的人名,會在北朝忽然為社會各階層的人所接受?

二、以鍾葵為名者集中於北朝,而惟一入唐的王武俊本身即是胡人,歸附唐朝之後,活動地點也一直在北方,其部將應該也是北人。由此可知,鍾葵信仰在初起之時,只是個地方性的信仰。

三、鍾葵出現的時間上也有可議之處,當鮮卑族進入中國北方,建立北魏政權之後,鍾葵就出現了。使人懷疑這個信仰除了地域性之外,尚有種族的因素存在。

四、史書中有時作「鍾葵」,有時作「鍾馗」,有時作「終葵」,敦煌驅儺文中還有更奇怪的寫法。似乎「鍾馗」二字只是個「音」,而一時找不到合適的文字來代表。所以才會有各種不同的名稱同時存在的情形發生。

第二節　唐代的鍾馗

　　在結束對鍾馗名稱的討論之後，本應繼以鍾馗內涵的討論。但由於南北朝的資料過少，不足以看清全貌。僅知其名有辟邪之意，許多人取為名字，且盛行於北地，以過少的資料，實在難以展開全面的探討。在這樣的情況之下，只有將時代往後推移。而有關鍾馗的記載也以唐朝開始較為豐富，無怪乎目前所有的鍾馗故事，都將他出現的時代背景置於唐朝。在此之前，只有一些和鍾馗音同字不同的零星的人名及植物名等，故本文將先由唐朝開始探討。待掌握了一些基本的鍾馗故事的背景及情節之後，再往上追溯其演變之跡，並往下看其發展。以下將分類來敘述唐代資料，首先由張說所上的表開始。

一、張說等大臣的〈謝賜鍾馗及曆日表〉

　　唐朝張說（六六七～七三〇）的表乃是目前所能找到最早明指鍾馗有辟邪功能的正式記錄，而它的時代又正好是在唐玄宗時，這或許是鍾馗故事選擇明皇為時代背景的原因之一。不過這只是指初期的鍾馗故事而言，因為到了後代，哪位皇帝在位已經不重要了，此點容後再敘。而張說提到鍾馗畫的功能乃是「屏袪群厲，續神像以無邪」，而且皇帝會將它和曆日一起賜給大臣。可見玄宗時的宮廷已有新年時鍾馗畫可驅邪的信仰。原文如下：

　　張說〈謝賜鍾馗及曆日表〉：

臣某言，中使至，奉宣聖旨，賜臣畫鍾馗一，及新
曆日一軸者，猥降王人，俯臨私室，榮鍾睿澤，寵
被恩輝。臣某中謝，臣伏以星紀迴天，陽和應律，
萬國仰維新之慶，九宵垂湛露之恩，爰及下臣，亦
承殊賜。屛袪群厲，績神像以無邪。允授人時，頒
曆書而敬授。臣性惟愚懦，才與職乖，特蒙聖慈，
委以信任，既負叨榮之責，益懷非據之憂，積愧心
顏，難勝惕厲，豈謂光迴蓬蓽，念等勳賢，慶賜之
榮，賤微常及，感深犬馬，載重丘山，無任感荷之
至[17]。

此時雖有貼鍾馗畫的習俗，只是從張說的文章中看不
出它貼在什麼地方。試看另外兩篇唐朝時大臣上給皇帝的
謝表：

劉禹錫〈為淮南杜相公謝賜鍾馗曆日表〉：

臣某言，高品某乙至，奉宣聖旨，賜臣畫鍾馗一，
新曆日一軸，星紀方迴，雖逢歲暮，恩輝忽降，已
覺春來。臣某中謝，伏以圖寫威神，驅除群厲，頒
行律曆，敬授四時，施張有嚴，既增門戶之貴，動
用叶吉，常為掌握之珍，瞻仰披尋，皆知聖澤，無
任欣戴之至[18]。

劉禹錫〈為李中丞謝賜鍾馗曆日表〉：

臣某言，中使某乙至，奉宣聖旨，賜臣畫鍾馗一，
新曆日一軸。恩降雲宵，光生里巷，雖當歲暮，如

煦陽和。臣某中謝，伏以將慶新年，聿修故事。續
其神象，表去厲之方；頒以曆書，敬授時之始。微
臣何幸，天意不遺，無任感戴屏營之至[19]。

相隔一百年後的劉禹錫（七七二~八四三）說「將慶新
年，聿修故事。續其神象，表去厲之方」，「圖寫威神，
驅除群厲，頒行律曆，敬授四時，施張有嚴，既增門戶之
貴，動用叶吉，常為掌握之珍，」可知鍾馗畫是新年時貼
在門上的。而此時它已經和門神的職責有所重疊，成為年
畫的一種類型了。

由這幾篇表看來，至晚在玄宗時，「鍾馗」二字已
經是國家公認的寫法。而由皇帝賜臣下以鍾馗畫的情形來
看，更加印證了前一節所推論的鍾馗信仰的普遍性。一個
信仰要能夠讓上層的知識分子所接受，甚至皇帝都會拿來
當作賞賜的工具，那麼這個信仰應該在民間流傳了很久的
時間，並且成為極大的傳統，使得影響所及的任何人都不
能忽視它的存在，進而接受為信仰。所以鍾馗的信仰當時
必定是由民間流入宮廷，皇帝再將它取來作為統治的工具
之一。玄宗不過是利用這個信仰的潮流，交代畫工畫幾幅
畫，拿來賞賜臣下，以示自己德澤廣披。當然他自己也是
相信的。

二、周繇的〈夢舞鍾馗賦〉

周繇的〈夢舞鍾馗賦〉則是現存最完整的唐代鍾馗表
演的資料，當然這裡的「完整」是指相對於同時代的其它

資料而言。它不僅再一次證實鍾馗與門神的關係,而且這些文章對於最早的鍾馗故事,也就是宋朝沈括在《夢溪筆談‧補筆談》中所記載的故事有絕對的影響。

周繇〈夢舞鍾馗賦〉原題目下注「以德至前王始觀神跡為韻」。全文如下:

> 皇躬抱疾,佳夢通神,見幡綽兮上言丹陛,引鍾馗兮來舞華茵。寢酣方悦於宸辰,不知為異;覺後全銷於美疢,始訝非真。開元中,撫念齊民,憂勤大國。萬機親決於宸斷,微瘝遂沾於聖德。金丹術士,殊乖九轉之功;桐籙醫師,又寡十全之力。爰感神物,來康哲王。於時漏滴常樂,鐘敲建章。扃禁闈兮閉羽衛,虛寢殿兮闃嬪嬙。虎魄枕欹,象榻透熒熒之影;蝦鬚簾捲,魚燈搖閃閃之光。聖魂惝怳以方寐,怪狀朦朧而遽至。砰砢標眾,魌顚特異。奮長髯於闊臆,斜領全開;搔短髮於圓顱,危冠欲墜。顧視才定,趨蹌忽前。不待乎調鳳管,挼鸞弦。曳藍衫而颯纚,揮竹簡以蹁躚。頓趾而虎跳幽谷,昂頭而龍躍深淵。或呀口而揚音,或蹲身而節拍。震雕拱以將落,躍瑤階而欲折。萬靈沮氣以惝惶,一鬼旁隨而奮躑。煙雲忽起,難留舞罷之姿;雨雹交馳,旋失去來之跡。睿想纔悟,清宵已闌。祛沉痾而頓愈,瘁御體以猶寒。對真妃言寤寐之祥,六宮皆賀;詔道子寫婆娑之狀,百辟咸觀。彼號伊祁,亦名鬱壘。儺祓於凝沍之末,驅厲於發

生之始。豈如呈妙舞兮薦夢，明君康寧兮福履[20]。

這篇文章提供了許多方面的線索供我們尋找，一是故事方面；一是民間信仰方面；一是表演方式方面。在故事方面來說，此文已經將宋代沈括所寫的一些主要部份都包括在內，也就是以下所列的這幾點：

一、皇上得了瘧疾。

二、夢中見到鍾馗。

可見鍾馗在當時已不是凡人，而是在夢中出現的鬼魂，或神仙。

三、鍾馗長相奇特，手揮竹簡。

此處對鍾馗的描述是深目大首，長髯，短髮，危冠藍衫，和後世的鍾馗畫不同之處在短髮和危冠，後世是蓬頭亂髮，帶軟翅紗帽，其餘大致相同。

四、一鬼旁隨

開啟了鍾馗吃小鬼之因。但此處的鬼不像是被趕走的惡鬼，倒像是鍾馗的跟班。原文曰：「一鬼旁隨而奮躑。」似乎它跟著鍾馗跳得很賣力。

五、詔吳道子畫鍾馗之像。此點被沈括敷衍成掛鍾馗畫之起因。周繇自己似乎也有此意。

此段文章不知是為何而作？不過由內容看來，所敘述的應該是當時流傳的故事，周繇只是拿來入賦而已。

由信仰方面來說，張說的表要早許多年。所以周繇說鍾馗在開元時早已存在，黃旛綽只是像道士一樣將他請來替皇上趕走致病的鬼祟。由此看來，鍾馗在唐朝時應該

是可以被請下凡來替人趕鬼的神名。既然如此，他出現的時機就不會只局限在歲末，而是只要有需要就可以召請得到，其腳色類似於驅鬼的巫師。此外，舞鍾馗時的煙霧瀰漫，以及鍾馗跳舞的動作，都和巫師的表演很像。下文將有專節討論，此處不再贅述。

　　就表演型態來說，所可注意是「揮竹簡」及開口歌唱。「曳藍衫而颯纚，揮竹簡以蹣蹮。」可見手上有竹簡。竹簡似乎是他身上惟一可以當作武器的東西。原文是說鍾馗揮著竹簡跳舞，那麼它只是跳舞時的道具。或者有什麼特別的含意呢？筆者曾由黃璠綽的身份而懷疑這是一種參軍戲的表演，因為黃璠綽本是有名的參軍戲演員，而竹簡又是參軍戲的標準道具[21]。其實周繇的文章有很多地方讓人懷疑是宮廷表演的記載。它本身是一種舞蹈自不待言。又文中提到「或呀口而揚音，或蹲身而節拍。」可見是歌舞合一。而且「參軍戲演出時有鳴鼉和弦管伴奏，可以歌聲徹雲[22]。」這點和周繇的賦中所說的「不待乎調鳳管，揆鸞弦。」「或呀口而揚音，或蹲身而節拍。」的情況很像。但是參軍戲和此處的舞鍾馗又有許多不同之處。首先服裝就不同，參軍著綠袍而鍾馗著藍衫，再者表演型態也不同。所以二者應該是無關的。不過到了宋朝，由於鍾馗已經有了進士的身分，手上的竹簡也就有了合理的解釋。

　　此外從這篇文章還可以看出鍾馗在唐朝的形象。並且它也提供了一些往上追溯源頭的線索。

　　如鍾馗所著的藍衫，乃是儒生所穿的衣服。〈韋應物。送秦系赴潤州詩〉：「近作新婚鑷白髮，長懷舊卷映藍衫。」也許是他的服裝給了後世對鍾馗文人身分的想像來源吧。而他的長相：「深目大首，長髯。」也使人懷疑和胡人有關。又宋代鄭文寶《江表志》有云「伶人戲作綠衣大面胡人，若鬼神狀者[23]。」梁宗懍在《荊楚歲時記》上說：「十二月八日為臘日……，諺言：臘鼓鳴，春草生。村民並繫細腰鼓，戴胡公頭，及作金剛、力士以逐疫[24]。」郭淨曾解釋道：「胡公頭係漢族將北方胡人與厲鬼相附會而臆造的妖怪。參照當時的繪畫和雕塑，它的模樣多為禿頂尖頭，犬齒暴突，為此它的命名也同胡人、胡姬、胡樂、胡兒、胡舞等所有來自西方的事物一樣，冠以一個胡字。金剛和力士是佛教的護法神，他們因相貌威猛凶惡而被篤信佛教的鄉民選中，以代替古老的方相氏[25]。」可見胡人的相貌曾被拿來作為逐疫的道具。以周繇賦中對鍾馗的描寫看來。其長相和胡人頗像。它又是驅儺逐疫的一員，則此處的胡公頭可能就是鍾馗的相貌來源。

　　而文中稱鍾馗「彼號伊祁，亦名鬱壘」，則是另一個難解的謎。伊祁有兩種解釋，即上古時候的神農或[26]。不過伊耆氏在唐時當指堯而言[27]。伊耆乃是民間始為蜡之帝王，和歲末驅儺有時間上的相似，但是蜡畢竟不是儺。而鬱壘則是神話中的門神，和鍾馗有職務上的重疊，但除此之外，二者似乎也沒有任何的關係。周繇把它們兩人當作鍾馗的別名，應該有他的道理，但是目前仍難以明瞭其原因。

三、敦煌驅儺文

看過了文人的記載，再來看幾條民間的資料。

伯三五五二號，兒郎偉驅儺文：

> 驅儺之法，自昔軒轅，鍾馗[28]白澤，統領居仙，怪
> 擒異獸，九尾通天，總向我皇境內呈祥，並在新
> 年，長使壽同滄海，官崇八坐貂蟬。四方晏然清
> □，獫狁不能犯邊，甘州雄身中節，□末送款旌
> □，西州上拱寶馬，焉祁送納金錢。從此不卻梟
> □，敦煌太平。

此處有「鍾馗白澤，統領居仙」一句，可知當時鍾馗
與白澤的關係十分密切，而且同為驅儺時的重要腳色。

> 適從遠來至宮門，正見鬼子一群群，就中有個黑
> 論敦，□身直上舍頭存，耽氣感戴火盆眼黑赤，
> 著非禪青古烈碧溫存，中庭沸迎迎，院裡亂紛
> 紛。喚中馗[29]蘭著門，并頭上放氣，薰攝肋折，抽
> 卻筋，拔出舌，割卻唇，正南直須千里外，正北遠
> 去亦須論。

此處的鍾馗是被呼喚來的，與周繇賦中的鍾馗相同。
由此段文字可以看出，鍾馗的故事尚未定型。文中的抽筋
拔舌割唇等傷割鬼怪肢體的舉動，正是後代鍾馗吃鬼挖眼
的基因。人們痛恨這些帶來災禍病痛的鬼怪，所以對待它
們的方法也是極其殘忍，否則不足以消心頭之恨。

此外，文中所敘述的情節，即鍾馗遠來至宮門，見到一群鬼在作亂，鍾馗便對鬼怪毫不留情的追殺，這點與沈括的故事不甚相同，但在後代的某些鍾馗故事中卻有類似的描寫，容後再敘。

伯三五五二號，兒郎偉驅儺文：

> 聖人福祿重，萬古難籌疋，剪孽賊不殘，驅儺鬼無一。東方有一鬼，不許春時出，南方有一鬼，兩眼赤如日，西方有一鬼，便使秋天卒，北方有一鬼，渾身黑如漆，四門皆有鬼，擒擒不遺一，今有定中殃，責罰功已畢，自從人定亥，直至黃昏時，何用打桃符，不須求藥術，弓刀左右趁，把火蹤橫灿，從頭使厭儺，個個交屈律，歲歲夜狐兒，不許□妖出。□□太夫人　　敕封李郡君，舊殃即除蕩，萬慶盡迎新，握帳純金作，牙床盡是□，繡褥鴛鴦被，羅衣籠上勳，左右侍玉女，袍袴從成群，魚膏柄龍燭，魍魎敢隨人，中馗[30]并白宅，掃障盡妖□，夫人郎君壽萬歲，君郎爵祿口勳，小娘子如初月，美豔甚芬芳，異世雙無比，不久納鴛婚，日日迎賓客，實勝孟常君，百群皆來集，同坐大新春。

這裡驅儺的人威嚇過眾鬼後，不忘講些吉祥話兒，將主人家大大恭維一番。值得注意的是，文中提到小娘子如何美豔動人，不久將結婚的話。如果當時的驅儺隊伍有裝扮及表演的話，則鍾馗嫁妹之說可能即本於此。並不是

本於這篇文章，而是本於這種驅儺時順便祝福的習俗。在
宋朝的驅儺隊伍中，於鍾馗、將軍、判官等威猛的男人之
中，又夾有一位小妹，實在另人費解。小妹又不能嚇鬼，
跟著去做什麼呢？也許她就是唐朝時民間驅儺隊伍編制的
遺留。小妹並不是去嚇鬼，而是去祝福主人。關於嫁妹的
由來，本文有專節論述，此處不贅。

　　還有鍾馗在這裡又是和白宅一同出現，白宅應即白
澤，乃是神話中的神獸。《雲笈七籤》：「帝巡狩東至
海，登桓山，於海濱得白澤神獸，能言，達於萬物之情，
因問天下鬼神之事。自古精氣為物，游魂為變者，凡萬
一千五百二十種。白澤言之，帝令以圖寫之，以示天下。
帝乃作祝邪之文以祝之[31]。」唐開元有白澤旗，上畫白澤
獸，為天子出行儀仗所用。《大唐六典》：「凡車駕出
入，則率其屬，以清遊隊建白澤旗、朱雀旗以先驅[32]。」
此外，敦煌還有《白澤精怪圖》。可見當時白澤是頗受重
視的。只不過它和鍾馗二者是如何搭配驅鬼？文中沒有詳
細說明，所以不得而知。而這樣一個可以驅鬼的神獸，為
何在以後的鍾馗故事中消失，直到清初的鍾馗小說《斬鬼
傳》中才又出現。筆者以為，可能是由於缺乏足夠吸引人
的故事所致。

　　伯四九七六號兒郎偉驅儺

　　　　舊年初送玄律，迎取新節青陽，北六寒光罷末，東
　　　風吹散冰光，萬惡隨於古歲，來朝便降千祥，膺是
　　　浮游浪鬼，付與鍾馗[33]大郎，從茲分付已訖，更莫

惱害川鄉，謹請上方八部，護衛龍沙邊方，伏□

　　大王重福，河西道泰時康，萬戶歌謠滿路，千門穀麥盈倉，因茲狼煙彌滅，管內休罷刀槍，三邊披肝盡隨，爭馳來獻敦煌，每歲善心不絕，結壇唱佛八方，緇眾轉金光明，妙典大悲，親見中央，如斯供養不絕，諸天肋護阿郎，次為當今　帝主，古道歸化無疆　天公□善心不絕，諸寺造佛衣裳，現今宕泉造窟，感得嘉命延長，如斯信敬三寶，諸佛肋護遐方。　夫人心行平等，壽同劫右延長，副使司空忠孝，執筆七步成章，文武過於韓信，謀才得達張良，諸幼郎君英傑，彎弧百獸驚忙，六蕃聞名撼顫，八蠻畏若秋霜，大將傾心向國，親從竭力尋常，今夜驅儺之後，直得千祥萬祥。

又斯二○五五號

．．．．．．．．．

　五道將軍親至，
　步領十萬羆熊
　衣領銅頭鐵額，
　渾身總著豹皮，
　盡使朱砂染赤，
　咸稱我是鍾馗[34]，
　捉取浮游浪鬼，
　．．．．．．．．．。

　　這這兩篇驅儺文可以知道，鍾馗在當時已有捉取浮游浪鬼的能力，驅儺時也可以念它的名號來嚇唬眾鬼。

　　敦煌卷子中除了驅儺文之外，還有四首名為〈還京樂〉的辭，觀其內容似乎和鍾馗有關，不過在沒有確實的證據之前，只能暫時存疑。原卷藏於俄國列寧格勒，編號 L.一四五六。今錄其文如下：

　　　　曲子還京洛

　　　　知道終駆孟勇

　　　　勢問專

　　　　能翻海

　　　　解餘山

　　　　捉鬼不曾閑

　　　　見我手中寶劍

　　　　物辛磨

　　　　研要羡

　　　　去邪磨

　　　　見鬼了血洴波

　　　　者鬼

　　　　意如何

　　　　爭感接來過

　　　　小鬼資言大歌

　　　　審須聽

　　　　□□□

　　原本辭首題「曲子還京洛」，由於唐崔令欽《教坊記》中有〈還京樂〉曲名，故辭前的「洛」字疑即「樂」之誤。但也有可能是新的曲調。原本有十七行，除調名一行之外，第一、六、十、十四行均提高一、二字書寫。此四行即「知道」、「見我」、「見鬼」、「小鬼」四句。第十二行降低一二字，作用何在？不得而知。而關於這首曲子的解讀方法並不統一，任半塘以其主觀的想法，認為：「既然首唱格調金甌無缺，確立楷模，即予以充分重視，而使餘三首就範，不必專守寫本現存之殘亂狀態。」故任先生整理其格調及文字如下：

> 知道終驅猛勇。世間專。能翻海。解移山。捉鬼不曾閒。
> 見我手中寶劍。刀新磨。斫妖魅。去邪魔。見鬼了血洴波。
> □□□□者鬼。意如何。□□□。□□□。爭敢接來過。
> 小鬼咨言大鬼。□□歌。審須聽。□□□。□□□□□[35]。

而鄭師阿財則認為當作：

> 知道鍾馗猛勇。世間專。能翻海。解移山。捉鬼不曾閒。
> 見我手中寶劍。刀新磨。斫妖魅。去邪魔。見鬼了血洴波。

　　　　這鬼意如何。爭敢接來過。

　　　　小鬼咨言大鬼哥，審須聽[36]。

　　由於筆者對敦煌學的涉獵尚淺，對於不同的解釋僅能各錄其說，無法作進一步的推斷。

　　周紹的文章中提到鍾馗手中揮著竹簡，而在敦煌驅儺文中並沒有記載，鍾馗似乎是空手殺鬼。更加令人疑惑竹簡的來源。或許這種行為和民間的表演不符。所以北宋的沈括記錄他的故事時，鍾馗的簡才會插在腰上，並沒有拿出來使用。而他殺死小鬼的方式是極殘忍的「擘而啖之」。後代還有挖眼珠的。這絕對是驅儺的遺留，對照敦煌驅儺文可知。蓋鬼怪帶來疾病及不幸，不這麼殘忍地對它施暴，難以消心頭之恨。由此亦可見沈括的故事是參考了周紹的文章及驅儺的實況而寫出的。

　　如此看來，鍾馗在唐朝時的功用有三：一是貼在門上避邪，張說〈謝賜鍾馗及曆日表〉說「屏袪群厲」便是此意。二是在歲暮挨家挨戶驅儺時念出他的名號來嚇唬惡鬼，如敦煌驅儺文的記載。三是有人患瘧疾時可以請某人呼喚他出現趕鬼，也就是周紹賦所描寫的驅鬼行為。

第二節　鍾馗故事的出現與其內涵

一、鍾馗故事的出現

　　雖然在唐代，鍾馗是由皇帝到庶民，由中央政府到邊疆都普遍相信的驅鬼神明，但是目前還找不到任何唐代

記錄的鍾馗故事。最早的鍾馗出身神話記錄於北宋・沈括（公元一〇一三至一〇九五）於其所著的《夢溪筆談・補筆談》卷三所記載的就是目前所能找到最早的鍾馗故事。其文如下：

> 禁中舊有吳道子畫鍾馗，其卷首有唐人題記曰：「明皇開元講武驪山，歲暮，翠華還宮，上不懌，因痁作，將踰月，巫醫殫伎不能致良。忽一夕，夢二鬼，一大、一小。其小者衣絳犢鼻，屨一足，跣一足，懸一屨，搢一大筠紙扇，竊太真紫香囊及上玉笛，遶殿而奔。其大者戴帽，衣藍裳，袒一臂，鞹雙足，乃捉其小者，刳其目，然後擘而啖之。上問大者曰：『爾何人也？』奏云：『臣鍾馗氏，即武舉不捷之士也。誓與陛下除天下之妖孽。』夢覺，痁若頓瘳，而體益壯。乃詔畫工吳道子，告之以夢，曰：『試為朕如夢圖之。』道子奉旨，恍若有覩，立筆圖訖以進，上瞠視久之，撫几曰：『是卿與朕同夢耳，何肖若此哉！』道子進曰：『陛下憂勞宵旰，以衡石妨膳，而痁得犯之。果有蠲邪之物，以衛聖德。』因舞蹈，上千萬歲壽。上大悅，勞之百金，批曰：『靈祇應夢，厥疾全瘳。烈士除妖，實須稱獎。因圖異狀，頒顯有司，歲暮驅除，可宜徧識，以祛邪魅，兼靜妖氛。仍告天下，悉令知委。』」熙寧五年，上令畫工摹搨鐫版，印賜兩府輔臣各一本。是歲除夜，遣入內供奉官梁楷就東西府給賜鍾馗之象[37]。

　　這篇故事的基本架構和周繇的〈夢舞鍾馗賦〉十分相像，均是明皇生病，治了許久仍不見好轉，忽一夕，夢見鍾馗來殿前，作了一些驅鬼的動作後，明皇的病就好了。第二天，召吳道子畫鍾馗像，昭告天下遍貼。可以清楚看出其與周繇的賦必有關係。而二者不同之處在於，沈括的故事開始介紹鍾馗的出身及其捉鬼的過程。而周繇所熟的鍾馗穿著與敦煌的民間驅儺鍾馗有所差別，但是在沈括的筆下，鍾馗乃是「袒一臂，靸雙足。」穿著動物毛皮鞋子，以十分野蠻的形象出現。而且文中又有小鬼擾亂，在捉到小鬼後，還殘酷地「刳其目，然後擘而啖之。」更是與民間驅儺的記載相似。故筆者以為，沈括的這些故事必然受過民間驅儺儀式的影響。沈括之後，高承在《事物紀原》卷八也有鍾馗條，其文如下：

　　　開元中，明皇病瘧，居小殿，夢一小鬼，鞹一足，懸一屨於腰間，竊太真紫香囊及拈玉笛吹之，頗喧擾，上叱之，曰：「臣虛耗也。」上怒，欲呼武士，見一大鬼，頂破帽，衣藍袍，束角帶，徑捉小鬼，以指刳其目，擘而啖之，上問為誰，對曰：「臣終南進士鍾馗也。因應舉不捷，觸殿階而死，奉旨賜綠袍而葬，誓除天下虛耗妖孽。」言訖，覺而疾愈，乃召吳道子圖之，上賞其神妙，賜以百金，是以今人畫其像於門也[38]。

　　高承的故事較沈括又豐富了一些，首先在《補筆談》

中，小鬼是沒有名字的。但在高承的故事裡，小鬼自稱：
「臣虛耗也。」而小鬼擾亂的動作本只是「竊太真紫香
囊及上玉笛，遶殿而奔。」但在《事物記原》裡，則是
「竊太真紫香囊及拈玉笛吹之，頗喧擾。」鍾馗的身分也
由「武舉不捷之士也，誓與陛下除天下之妖孽。」轉變為
「終南進士鍾馗也，因應舉不捷，觸殿階而死，奉旨賜綠
袍而葬，誓除天下虛耗妖孽。」由一個沒有死因的武人，
竟然搖身一變成為冤死的文人。故事至此可說已經定型，
鍾馗的出身故事剛出現沒多久，就已經發展完成，後世絕
少改動，為什麼會如此？頗值得探討。

　　到了明朝萬曆年間陳耀文的《天中記》，也有夢鍾馗
條，註出唐逸史。則是將整個故事做了一些修飾，使結構
更加緊密：

> 明皇開元講武驪山，翠華還宮，上不悦，因痁疾作，
> 晝夢一小鬼，衣絳犢鼻，跣一足，屨一足，腰懸一
> 屨，搢一筠扇，盜太真繡香囊及上玉笛，繞殿奔戲
> 上前，上叱問之，小鬼奏曰：「臣乃虛耗也。」
> 上曰：「未聞虛耗之名。」小鬼奏曰：「虛者，
> 望空虛中盜人物如戲；耗即耗人家喜事成憂。」上
> 怒，欲呼武士，俄見一大鬼，頂破帽，衣藍袍，
> 繫角帶，鞾朝靴，徑捉小鬼。先刳其目，然後劈而
> 啖之。上問大者：「爾何人也？」奏云：「臣終南
> 山進士鍾馗也，因武德中應舉不捷，羞歸故里，觸
> 殿階而死。是時，奉旨賜綠袍以葬之，感恩發誓，

> 與我王除天下虛耗妖孽之事。」言訖夢覺，痁疾頓
> 瘳，乃召畫工吳道子曰：「試與朕如夢圖之。」道
> 子奉旨，恍若有睹，立筆成圖，進呈，上視久之，
> 撫几曰：「是卿與朕同夢耳。」賜與百金[39]。

為了使鍾馗捉鬼的理由更加充分，所以說他自殺後，「奉旨賜綠袍葬之，感恩發誓，與我王除天下虛耗妖孽之事」。而虛耗小鬼也解釋了自己姓名的含義：「虛者，望虛空中盜人物為戲；耗即耗人家喜事成憂。」此外，文中所謂「武德中應舉不捷」，應是由沈括故事中的「武舉不捷之士」衍化而來。

在這三個故事中，鍾馗的服裝也一直在改變，由《補筆談》中的「戴帽，衣藍袍，袒一臂，鞹雙足」，到《事物紀原》的「頂破帽，衣藍袍，束角帶」，再到《天中記》的「頂破帽，衣藍袍，繫角帶，靸朝靴」。可以看出他正逐漸向故事中的文人形象作修正，而背離了原有的驅儺穿著，不過基本的故事並沒有改變。

近年來研究民間故事的學者，多會採用「情節單元[40]」（Motif）的觀念，以便瞭解不同地區與不同時代的故事彼此之間的關係。對於情節單元，美國學者湯普孫（Stith Thompson）如此解釋道：

> 故事的情節單元常常由非常簡單的概念構成，這些
> 概念存在傳統故事中。它們可能是不尋常的生物，
> 例如：仙女、巫婆、龍、怪物、殘酷的繼母、會

說話的動物，或者和以上相似的東西。在故事裡
存在著奇妙的國度，以及不尋常的自然現象。情
節單元的共同本質是它的本身都具有一個簡短的
故事，而這一個事件能充分地打動或娛樂聽眾。
當情節單元這個術語籠統地用在一個傳統故事中
的任何一個要素時，我們必須記住，為了成為傳統
的一部分，這個要素一定要有特殊之處，使人們記
憶或不斷地傳述下去。它一定要與眾不同，例如：
單是一位母親不能成為一個情節單元；一個殘酷的
母親則是一個情節單元，因為她總是會被認為不平
常。一般的生活過程不是情節單元，例如說：「約
翰穿上衣服並走到城裡。」並不算是提出一個值得
記憶的情節單元；但是如果說：「英雄戴上他隱身
的帽子，駕著他神奇的魔毯，到達太陽之東，以及
月亮之西的領土，」至少就包括了四個情節單元：
帽子、毯子、神奇的空中之旅和奇妙的國度。每一
個情節單元能持續流傳是因為它滿足了代代說故事
的人[41]。

依照他的原則，可以將鍾馗故事分析為以下數個情節
單元：

一、鬼使人病。

二、鬼捉鬼。

三、鬼助人治病。

四、鬼吃鬼

五、亡魂自道姓名及來意。

六、不正常的死亡。

七、貼其圖像可驅鬼。

藉由這些情節單元的幫助，可以更容易看出鍾馗故事與其它故事的關係。而由於附著於某些信仰的故事有其固定的格式，甚至可以進一步看到鍾馗與那些故事背後的信仰之關係。

二、鍾馗故事的內涵

由上節可知，貼鍾馗畫於門的習俗早在唐明皇時即有，可是鍾馗的故事卻晚至北宋才出現。這中間數百年的差距，使人不得不懷疑晚出的鍾馗故事乃是為了使早已存在的鍾馗信仰合理化而作出的解釋。這種事並不是不可能，心理學家卡爾・榮格（Carl G. Jung）在研究人類的行為之後，曾說：「一般而言，都是事情先做了，但過了一段長時間後，就會有人問為何要做這些事[42]。」他並且認為：「『實行』是絕不能發明的，只能實踐，另一方面，思想是人類的新發現。起先，他被潛意識的因素推動去實行，經過一段長時間後，他開始反省推動他實行的原因，不過確實花了他很多時間才想出那前後顛倒的觀念。[43]」

而胡萬川則引人類學家馬凌諸斯基（B. Malinowski）的話，認為神話既「不是出於哲學興趣而對事物起源作粗淺的臆測」「也不是對自然沉思冥想所得出的結果」，而是「某事件的歷史陳述，為某種巫術的真實性作一次保證

[44]」。由鍾馗故事中它所展現的殺鬼治病的能力，以及皇帝下令要天下遍貼其圖像來看，故事很明顯在提出一個崇拜的理由，讓民眾可以名正言順地貼鍾馗像。而馬凌諾斯基對神話的解釋，正適合鍾馗故事的情形。故從胡先生將鍾馗故事定位為一個解釋性的故事，應該是沒有問題的。

而明瞭了鍾馗故事的本質之後，再回到唐代的民俗來看。鍾馗可以在新年貼在門上辟邪，又可以裝其形象沿門驅儺。也可以由一人扮演為特定對象驅除瘧鬼。但僅知道這些表面的功用，還不能解決鍾馗故事的起源問題。若再由這些功用深入分析，可看出鍾馗是多種信仰的混合體。由貼在門上辟邪來看，它是門神。由驅趕瘧鬼的行為來看，它是瘟神。而可由一人扮為驅儺的神明，以及當時人對鬼的認知。這種種因素加起來，才是唐朝時鍾馗的真實面貌。後世的鍾馗故事，也就是在如此複雜的心理之下產生的。將鍾馗故事置入這些不同信仰的歷史中一一比對，將會發現鍾馗故事的每一個小環節，都是有其道理和來源的。

第四節　小結

經過以上的論述，可以發現雖然在北朝已有人以鍾馗為名，但鍾馗的名稱由來還是個難解的謎。由於資料太少，使得任何對此問題的研究都有著猜測的味道。這種民間信仰的資料本來就少有文人記載，而且它出現的時代不但早，還是個政治動盪，種族複雜的亂世。所以除非有新

的出土資料，否則很難有進一步的突破。

　　再者鍾馗在唐朝已有長足的發展，不僅皇帝相信，一般民眾也會妝扮其形像驅儺，並認為它是驅儺的始祖。歲暮時也會在門上貼鍾馗畫辟邪，以祈求家人平安。若有人得了瘧疾，還可以裝扮其形跳舞驅除瘧鬼。

　　而鍾馗故事並不是一個單純的民間故事，它是一個民間信仰的解釋故事。它依附著民間信仰和民俗活動而存在，但它所依附的信仰並不只一個，所以它有著不同神明的屬性。由於它依附著民間信仰和民俗活動而存在，所以當這二者有所改變的時候，鍾馗故事也就會跟著改變。又由於它所依附的信仰不只一個，所以任何一個信仰或民俗有所變化，鍾馗故事也會有相對應的變化。而別的信仰產生改變，不但會影響鍾馗的故事，還會影響其信仰。這種種複雜的關係，將在下章詳細的討論。

附註：

1. 見《北史》卷九十二，列傳第八十，恩幸傳。
2. 見《北史》，卷八，齊本紀。
3. 《周禮》（臺北：藝文印書館，十三經注疏本），頁六三一。
4. 同上註。
5. 許慎撰，段玉裁注：《說文解字注》（臺北：黎明文化事業股份有限公司，民國七十八年九月增訂四版），頁二六六。
6. 同上註。
7. 《爾雅》（臺北：藝文印書館，十三經注疏本），頁一四一。
8. 易俊傑：〈「鍾馗」原是中藥名〉《中央日報》（民國八十三年十月二十日），其文曰：

「……終葵，亦作「蔠葵」，別稱「蘩露」，亦作「繁露」，又
稱「承露」，「落葵」等。但大都認為，終葵是一種葵類植物。
《爾雅》釋草：「終葵，蘩露」，《疏》云：「葵類，一名蔠
葵，一名蘩露。郭（璞）云：承露也。大莖小葉，華（花）紫黃
色。」清人郝懿行《義疏》亦云：「此草葉圓而剡上【上尖】，
如椎之形，故曰終葵。晃旒所垂，謂之繁露。《本草》：『落
葵一名繁露。』這種葵類植物莖葉柔軟，多汁；果實圓小，熟
時紫黑色，古時榨取其果實的紅汁，用作面脂，所以又稱「胭脂
菜」。

除此之外，其別名尚多。如《名醫別錄》稱「天葵」，《開寶
本草》稱「藤葵」、「胡燕脂」，《日用本草》稱「藤兒菜」，
《品匯精要》稱「滑藤」、「西洋菜」，《救荒野譜補遺》稱
「紫草，《植物名實圖考》稱「燕脂豆」、「木耳菜」，《中
國藥物誌》稱「藤露」，《廣州植物志》稱「潺菜」，《福建
民間草藥》稱「紫葵」，《江蘇植物誌》稱「紫豆藤」，《陸川
本草》稱「紅藤菜」，《南寧市藥物誌》稱「軟藤菜」、「滑腹
菜」，《閩南民間草藥》稱「紅雞屎藤」等等。另《本草求原》
上有「鍾馗草」，係指中藥「黑面葉」，與此非同一物。」

9. 《說文解字注》，前引書，頁二六六。

10. 《禮記》（臺北：藝文印書館，十三經注疏本，民國七十四年十
二月十版），頁五四八。

11. 同註六。

12. 顧炎武撰，黃汝成集釋：《日知錄集釋》（日本京都市：中文出
版社，一九七八年十月），頁七六六。

13. 范曄撰，李賢等注：《後漢書・馬融列傳》（北京：中華書局，
一九六五年五月第一版），頁一九六四。

14. 圭上的圖形及說明見胡萬川：〈鍾馗問題〉，《中國古典小說研
究專集5》（臺北：聯經出版事業公司，民國七十一年十一月初
版），頁一五。

15. 郭淨：《中國面具文化》（上海：上海人民出版社，一九九二年
二月第一版），頁九一。其文本意在說明巫師與饕餮圖案經常合
而為──。

16. 《中國戲曲志‧四川卷》編輯部編：《川劇志》（北京：文化藝術出版社，一九九二年五月第一版），附圖頁。

17. 《欽定全唐文》（文友書局，民國六十一年八月出版），卷二百二十三，卷二八五二~二八五三。

18. 同上註，卷六百二，頁七七二五。

19. 同上註。

20. 同上註，卷八百十二，頁一〇七七五~一〇七七七。

21. 曾師永義：〈參軍戲及其演化之探討〉一文曾指出「綠衣秉簡」乃是參軍椿的扮相。見《參軍戲與元雜劇》（臺北：聯經出版事業公司，民國八十一年四月初版），頁十二。

22. 同上註，頁十三。

23. 鄭文寶：《江表志》（臺北：新文豐出版公司，叢書集成新編第一一五冊），頁二一〇。

24. 宗懍：《莉楚歲時記》（臺北：新文豐出版公司，叢書集成新編第九十一冊），頁一八四。

25. 郭淨：《中國面具文化》（上海：上海人民出版社，一九九二年第一版），頁一四三。

26. 《禮記‧郊特牲》：「伊耆氏始為蜡。」注：「伊耆氏，古天子號也；或云即帝堯。」疏：「《明堂》云：『土鼓葦籥，伊耆氏之樂。』《禮運》云：『夫禮之初始諸飲食，蕢浮而土鼓。』俱稱土鼓，則伊耆氏，神農也。」亦作伊祁。《史記‧五帝記》注謂堯姓伊祁；《古今姓氏書辨證》亦謂帝堯號，後以為氏。亦為周官名。《周禮 秋官》序官注：「伊耆，古王者號，始為蜡，以息老物，此主王者之齒杖，後王識伊耆氏之舊德，而以名官歟？」

27. 《新唐書‧禮樂志》：「蜡祭百神，大明、夜明在壇上，神農、伊耆各在其壇上。」神農既和伊耆分開祭祀，則唐朝時伊耆氏應是指堯。又《北史‧魏本紀》：「十一月丁亥，懷州人伊祁苟自稱堯後，應王，聚眾於重山。」亦可見當時人的觀念。

28. 本作鍾馗。

29. 本作中蕢。

30. 本作中蕢。

31. 《雲笈七籤》（臺北：商務印書館，民國六十八年臺一版，四部叢刊正編），頁一〇二三。
32. 《大唐六典》（臺北縣永和市：文海出版社，民國六十三年六月四版），頁四三八。
33. 本作鍾葵。
34. 本作鍾馗。
35. 引自任半壇：《敦煌歌辭總編》（上海：上海古籍出版社，一九八七年十二月第一版），頁一〇三〇。
36. 又如柴劍虹認為其正確讀法當是：知道終驅猛勇，世間趣。能翻海，解蹦山，捉鬼不曾閑。見我手中寶馗劍，刃新磨。斫妖魅，去邪魔，……見鬼了，血洴波。這鬼意如何？怎敢接來過？小鬼子，言大歌。審須聽……同上註，頁一八六五。
37. 沈括撰，胡道靜校注：《新校正夢溪筆談》（香港：中華書局，一九七五年香港第一版），頁三二〇~三二一。
38. 高承：《事物紀原》卷八（臺北：商務印書館，叢書集成簡編，民國五十五年六月臺一版），頁三〇〇~三〇一。
39. 陳耀文：《天中記》（臺北：文源書局，民國五十三年八月初版），頁一一八。
40. 情節單元（motif），也譯為母題。但因為容易使人產生子、母，亦即正、副的聯想。故從金師榮華譯為情節單元。
41. 原文如下：

Narrtive motifs sometimes consist of very simple concepts which continually find their place in traditional tales. These may be unusual creatures like fairies, witches, dragons, ogres, cruel stepmothers, talking animals, or the like. They may consist of marvelous worlds or of lands in which magic is always powerful , of all kinds of magic objects and unusual physical phenomena. A motif may also be essentially a short and simple story in itself , an occurrence that is sufficiently striking or amusing to appeal to an audience of listeners.

While the term motif is used very loosely to include any of the elements going into a traditional tale, it must be remembered that in order to become a real part of tradition an element must have something about it that will make people remember and repeat it. It must be more than commonplace. A mother as such is not a motif. A cruel mother becomes one because she is at least thought to be unusual. The ordinary processes of life are not motifs. To say that "John dressed and walked to town" is not to give a single motif worth remembering; but to say that the hero put on his cap of invisibility, mounted his magic carpet, and went to the land east of the sun and west of the moon is to include at least four motifs-the cap, the carpet, the magic air journey, and the marvelous land. Each of these motifs lives on because it has been found satisfying by generations of tale-tellers.

---Stith Thompson

Maria Leach "Dictionary of folklore mythology and legend". New York: Funk& Wagnalls Company, p753

42. 卡爾‧榮格：〈潛意識的研究〉，《人類及其象徵》（臺北：好時年出版社，民國七十三年六月再版），頁八八。

43. 同上註，頁九四。

44. 胡萬川，前引書，頁二五。

第三章　鍾馗和民間信仰與民俗的關係

第一節　儺

一、早期的驅儺記載

　　由上一章的唐代資料可知，流行在敦煌民間的〈兒郎偉驅儺文〉（伯三二七〇、四九七六、三五五二）及〈除夕鍾馗驅儺文〉（斯二〇五五），文中均有鍾馗之名。如伯三五五二號〈兒郎偉驅儺文〉即稱：「驅儺之法，自昔軒轅，鍾馗白澤，統領居仙。」而唐代周繇的〈夢舞鍾馗賦〉中也提到：「儺祆於凝沍之末，驅厲於發生之始。」凡此種種，都說明了鍾馗與驅儺必有關係。故本節將探討這個問題。

　　目前對儺的研究已成為一門重要的學科，並且已有「儺文化」的專稱出現。這是由於今天儺已發展成為一個複雜的體系，包括儺儀、儺祭、儺舞、儺戲、儺畫、儺具、儺神、儺壇、儺面等等[1]。對儺文化的研究也因為田野調查的資料增加，而有了較全面的觀點。以下先由儺字的本義談起，再逐步探討其歷史變遷，以及鍾馗在其中所扮演的腳色與儺對鍾馗的影響。

　　「儺」字的本義，《說文解字》解釋為「行有節也。從人難聲[2]。」段玉裁注曰：「〈衛風·竹竿〉曰：『佩玉之儺，』傳曰：『儺，行有節度。』按，此字之本義也。其驅

疫字本作難，自假儺為驅疫字，而儺之本義廢矣[3]。」再查
《說文》解釋「難」字，則只說：「鷬鳥也，從鳥堇聲，難
或從隹[4]。」似乎兩個字都各有本義。庹修明認為：「儺、
難，為假借字，而表現驅鬼逐疫的本字應該是「戁」[5]。」
此字《說文》解釋為：「見鬼驚詞，從鬼難省聲，都若詩受
福不戁[6]。」段玉裁注曰：「見鬼而驚駭其詞曰戁也。戁為
奈何之合聲，凡驚詞曰那者即戁字。如公是韓伯修那是也。
《左傳》：「棄甲則那」，亦是奈何之合聲[7]。」《說文通
訓定聲》釋戁為：「見鬼驚詞，從鬼，難省聲。按：戁省
聲讀若儺，此驅逐疫鬼正字，擊鼓大呼似見鬼而逐之，故
曰戁。為經傳皆以儺為之[8]。」由此可知，驅逐疫鬼的活動
之所以叫作儺，乃是由於其活動時的聲音而來。

　　商代的驅逐疫鬼活動，由於資料的缺乏，無法詳述。不
過以殷人之崇鬼，當時必定存在著相同類型的儀式。據古文
字學家于省吾考釋，商代甲骨卜辭中的寇字，就是一種用人
或獸牲，搜尋住宅，驅逐疫鬼的一種重大祭祀活動[9]。

　　至周代，則有比較詳細的介紹。《周禮·夏官·方相
氏》：

> 方相氏掌蒙熊皮，黃金四目，玄衣朱裳，執戈揚
> 盾，帥百隸而時難以索室毆疫[10]。

此文所表現的正是一個實際的驅儺景象，掌蒙熊皮，
黃金四目是其裝扮及面具的形狀；「帥百隸」則是說明有
龐大的隊伍。方苞曾以驅儺者的形狀怪異而認為這段文字

是劉歆為討好王莽所假造的[11]，可是若證之以現在各地方的驅儺儀式，在那麼遠古的周代有這樣原始的儀式，並不足為奇。此外，在《周禮‧春官‧占夢》亦有提到驅儺：

季冬，遂令始難毆疫[12]。

這裡提到驅儺的時間，是在季冬之時。同書〈男巫〉篇亦有：

冬‧堂贈，無方無算[13]。

下注：「杜子春云：『堂贈，謂逐疫也。無方，四方為可也。無算，道里無數，遠益善也。』玄謂冬歲終，以禮送不祥及惡夢皆是也。其行必由堂始，巫與神通言，當東則東，當西則西，可近則近，可遠則遠，無常數[14]。」杜子春注文對「無方無算」的解釋，證之以敦煌驅儺文中的「正南直須千里外，正北遠去亦須論」，二者語氣十分類似。所以此處亦為驅儺的描寫，應無疑問。不過此處所謂「其行必由堂始」，與「巫與神通言」，均有巫師在室內作法的味道。蓋儺本是巫術思維的一種表現，所以在儺的資料裡常會有巫的出現。

又《禮記‧月令》：

季春之月……，命國難，九門磔攘以畢春氣[15]。

仲秋之月……，天子乃難，以達秋氣[16]。

季冬之月……，命有司大難，旁磔出土牛，以送寒氣[17]。

這幾條資料可看出在周代，驅儺儀式是有貴賤之分的。蓋後代史書亦有宮廷驅儺的記載，但是其排場之大絕非一般民眾所能負擔舉辦。然而民間就不驅儺了嗎？當然不是，民間自有其變通的辦法。而他們發展出的神明與儀式，甚至會影響到宮廷的驅儺。為了能更清楚的瞭解這二者個別的發展，以及彼此間的影響，以下將分為宮廷與民間兩方面來敘述。

二、宮廷的驅儺

周代之後的最早宮廷驅儺記載，當推《後漢書‧禮儀志》，其文曰：

> 先臘一日，大儺，謂之逐疫。其儀：選中黃門子弟年十歲以上，十二以下，百二十人為振子。皆赤幘皁製，執大鼗。方相氏黃金四目，蒙熊皮，玄衣朱裳，執戈揚盾。十二獸有衣毛角。中黃門行之，冗從僕射將之，以逐惡鬼于禁中。夜漏上水，朝臣會，侍中、尚書、御史、謁者、虎賁、羽林郎將執事，皆赤幘陛衛。乘輿御前殿。黃門令奏曰：「振子備，請逐疫。」於是中黃門倡，振子和，曰：「甲作食㐰，胇胃食虎，雄伯食魅，騰簡食不祥，攬諸食咎，伯奇食夢，強梁、祖明共食磔死寄生，魏隨食觀，錯斷食巨，窮奇、騰根共食蠱。凡使十二神追惡凶，赫女軀，拉女幹，節解女肉，抽女肺腸。女不急去，後者為糧！」因作方相與十二

歐舞。歡呼，周遍前後省三過，持炬火，送疫出端
門；門外騎騎傳炬出宮，司馬闕門門外五營騎士傳
火棄雒水中。百官官府各以木面歐能為儺人師訖，
設桃梗、鬱櫑、葦芰畢，執事陛者罷。葦戟、桃杖
以賜公、卿、將軍、特侯、諸侯云[18]。

由文中可看到驅儺時所唸的文辭幾乎都在描述「鬼吃
鬼」之事，最後甚至恐嚇說「節解女肉，抽女肺腸。女不
急去，後者為糧」，不僅要吃鬼，還要把鬼分屍。這點和
鍾馗故事中「挖鬼眼並擘而啖之」的描述相同。前一章提
到過的「鬼捉鬼」、「鬼吃鬼」這兩個情節單元，在此處
的驅儺文中都早已出現。當時的大儺主持人為方相氏，因
其去古未遠，所以穿著打扮與《周禮》中的記載相同。後
漢張衡的東京賦裡的一段，有類似的記載：

爾乃卒歲大儺，毆除群厲，方相秉鉞，巫覡操茢。
振子萬童，丹首玄製。桃弧棘矢，所發無臬。飛礫
雨散，剛癉必斃。煌火馳而星流，逐赤疫於四裔。
然後凌天池，絕飛梁，捎魑魅，斮獝狂；斬蜲蛇，
腦方良。囚耕父於清冷，溺女魃於神潢；殘夔魖
與罔象，殪野仲而殲游光。八靈為之震慴，況魃蜮
與畢方。度朔作梗，守以鬱壘，神荼副焉。對操索
葦，目察區陬。司執遺鬼，京室密清，罔有不韙[19]。

隨後於《北史》魏高宗本紀和平三年有云：「十二月
乙卯，制戰陣之法十有餘條，因大儺耀兵，有飛龍騰蛇魚

麗之變，以示威武[20]。」此時大儺的儀式已有轉變，不過
使用實際可上陣殺敵的軍隊來驅儺，所抱持的心態仍是威
嚇之意。蓋軍隊本就是武力與力量的象徵，故文中也提到
「以示威武」與「耀兵示武」等句，即是藉著殺氣騰騰的
部隊，來執行驅逐惡鬼的任務。

　　《隋書・禮儀志》記錄有北齊的大儺儀式云：

> 齊制，季冬晦，選樂人子弟十歲以上，十二以下
> 為振子，合二百四十人。一百二十人，赤幘，皂
> 褠衣執鼗。一百二十人，赤布袴褶，執鞉角。方相
> 氏黃金四目，熊皮蒙首，玄衣朱裳，執戈揚楯。又
> 作窮奇、祖明之類，凡十二獸，皆有毛角。鼓吹令
> 率之，中黃門行之，冗從僕射將之，以逐惡鬼于禁
> 中。其日戊夜三唱，開諸里門，儺者各集，被服
> 器仗以待事。戊夜四唱，開諸城門，二衛皆嚴。
> 上水一刻，皇帝常服，即御座。王公執事官第一
> 品已下、從六品以上，陪列預觀。儺者鼓譟，入殿
> 西門，遍於禁內。分出二上閤，作方相與十二獸舞
> 戲，喧呼周遍，前後鼓譟。出殿南門，分為六道，
> 出於郭外[21]。

　　而隋制則有所不同：「隋制，季春晦，儺，磔牲於
宮門及城四門，以禳陰氣。秋分前一日，禳陽氣。季冬
傍磔、大儺亦如之。其牲，每門各用羝羊及雄雞一。選振
子，如後齊。冬八隊，二時儺則四隊。問事十二人，赤

幘褠衣，執皮鞭。工人二十二人。其一人方相氏，黃金四目，蒙熊皮，玄衣朱裳。其一人為唱師，著皮衣，執棒。鼓角各十。有司預備雄雞牡羊及酒，於宮門為坎。未明，鼓譟以入。方相氏執戈揚楯，周呼鼓譟而出，合趣顯陽門，分詣諸城門。將出，諸祝師執事，預副牲胸，磔之於門，酌酒禳祝。舉牲並酒埋之[22]。」

唐代的宮廷驅儺也沒什麼改變：

《新唐書・禮樂志》：「大儺之禮。選人年十二以上，十六以下為振子，假面，赤布褲褶。二十四人為一隊。六人為列。執事十二人，赤幘、赤衣、麻鞭。工人二十二人，其一人方相氏，假面，黃金四目，蒙熊皮，黑衣、朱裳，右執楯。其一人為唱帥，假面、皮衣、執棒；鼓、角各十，合為一隊。隊列鼓吹令一人，太卜令一人，各監所部；巫師二人。以逐惡鬼於禁中。有司預備每門雄雞及酒，擬於宮城正門，皇城諸門磔禳，設祭。太祝一人，齋郎三人，右校為瘞埳，各於皇城中門外之右。前一日之夕，儺者赴集所，具其器服以待事。其日未明，諸衛依時刻勒所部，屯門列仗，迎仗入陳於階。鼓吹令帥儺者各集於宮門外。內侍詣皇帝所御殿前奏：『振子備，請逐疫。』出命寺伯六人，分引儺者於長樂門、永安門以入，至左右上閤，鼓譟以進。方相氏執戈揚楯唱，振子和，曰：『甲作食㱙，胇胃食虎，雄伯食魅，騰簡食不祥，攬諸食咎，伯奇食夢，彊梁、祖明共食磔死寄生，委隨食觀，錯斷食巨，窮奇、騰根共食蠱，凡使一十二神

追惡凶，赫汝軀，拉汝幹，節解汝肉，抽汝肺腸。汝不急
去，後者為糧。』周呼訖，前後鼓譟而出，諸隊各趨順天
門以出，分詣諸城門，出郭而止。儺者將出，祝布神席，
當中門南向。出訖，宰手、齋郎驅牲匈磔之神席之西，藉
以席，北首。齋郎酌清酒，太祝受，奠之。祝史持版於座
右，跪讀祝文曰：『維某年月歲次月朔日，天子遣太祝臣
姓名昭告于太陰之神。』興，奠版于席，乃舉牲并酒瘞於
埳[23]。」

　　又《樂府雜錄・驅儺》：「用方相四人，戴冠及面
具，黃金為四目，衣熊裘，執戈揚盾，口作儺儺之聲，以
逐除也。右十二人皆朱髮衣白繡畫衣，各執麻鞭，辮麻為
之，長數尺，振之聲甚厲。乃呼神名，其有甲作食兇者，
肺胃食虎者，騰簡食不祥者，攬諸食疚者，祖明、強梁共
食磔死、寄生者，騰根食蠱者。振子五百，小兒為之，衣
朱褶素襦，戴面具。以晦日於紫宸殿前儺，張宮懸樂，太
常卿及少卿押樂正到西閣門，丞並太樂署令、鼓吹署令、
協律郎並押樂在殿前。事前十日，太常卿並諸官於本寺先
閱儺，並遍閱諸樂。其日大宴三五署官，其朝寮家皆上棚
觀之，百姓亦入看，頗謂壯觀也。太常卿上此，歲除前一
日，於右金吾龍尾道下重閱，即不用樂也[24]。」

　　此處的方相氏仍然穿著周代的服裝，難道方相氏到
了唐朝仍未改變它在驅儺中的地位嗎？比較了當時的敦煌
驅儺文可知，方相氏在民間的地位已經衰微了，但在宮中
卻仍然保持著。由上文的繁文縟節看來，宮中的驅儺已成

了型式上的禮節，方相氏穿著經書所記載的服裝驅鬼，已經和現實生活脫節。皇帝本身也許並不相信這些儀式，否則既已驅鬼，為何還會夢見鬼呢？而且也不必貼鍾馗的像了。由唐朝皇帝開始頒賜鍾馗像的事實看來，當時的宮廷已經接受民間的信仰，雖然經書規定的禮節必須遵守，但是私底下他們所相信的卻是另外一套。以下兩首唐代詩人的作品，正好反映了宮廷和民間驅儺的不同：

王建〈宮詞一百首〉：「金吾除夜進儺名，畫褲朱衣四隊行。院院燒燈如白日，沉香火底坐吹笙[25]。」此詩描寫的是宮中驅儺的情景，充分類示出國家重典的盛大。

又孟郊〈弦歌行〉：「驅儺擊鼓吹長笛，瘦鬼染面惟齒白。暗中崒崒挃茅鞭，裸足朱祝行戚戚。相顧笑聲衝庭燎，桃弧射矢時獨叫[26]。」此處描寫的則是民間的驅儺情景，其中已有百姓塗面扮鬼，又過程中彼此嬉笑，可見民間驅儺在唐代就開始有了歡樂的氣氛。

依此趨勢演進下去，至宋代，儀式有了極大的轉變，北宋孟元老所著《東京夢華錄》除夕條云：

> 至除日，禁中呈大儺儀，並用皇城親事官、諸班直戴假面，繡畫色衣，執金鎗龍旗。教坊使孟景初身品魁偉，貫全副金鍍銅甲裝將軍。用鎮殿將軍二人，亦介冑，裝門神。教坊南河炭醜惡魁肥，裝判官。又裝鍾馗、小妹、土地、灶神之類，共千餘人，自禁中驅祟出南薰門外轉龍彎，謂之「埋祟」而罷[27]。

　　此時方相氏終於被正式逐出驅儺隊伍，改以其它的神
明。而鍾馗也在北宋正式加入宮廷驅儺的行列。南宋吳自
牧《夢梁錄》則是記錄了臨安的驅儺情景：

> 禁中除夜呈大驅儺儀，並係皇城司諸班直，戴面具，
> 著繡畫雜色衣裝，手執金鎗、銀戟、畫木刀劍、五
> 色龍鳳、五色旗幟、以教樂所伶工裝將軍、符使、
> 判官、鍾馗、六丁、六甲、神兵、五方鬼使、灶
> 君、土地、門戶、神尉等神，自禁中動鼓吹，驅祟
> 出東華門外，轉龍池灣，謂之「埋祟」而散[28]。

　　鍾馗在宋朝才加入了驅儺的行列，畢竟會驅鬼的人越
多越好，宋的宮廷也是民間來的，他終於把唐朝時就流傳
在民間的驅儺神明也帶進宮來了。宋以後就不見有宮廷驅
儺的記載，但明代劉若愚《酌中志》於鍾鼓司條下有云：
「歲暮宮中驅儺及日食月蝕救護打鼓，皆本司職掌[29]。」可
見宮中的驅儺習俗在明朝並未消失，只是不清楚其儀式及
腳色扮演了。丁山亦云：「盛清之世，每年正月十五日，
蒙藏喇嘛們化裝各種神將在雍和宮『打鬼』，這即是月令
所謂『季春，命國儺』的變相[30]。」可知宮中驅儺也不斷在
改變。不過既有「打鬼」之名，自然是在驅鬼了。

　　入宋後，民間的驅儺也日趨多樣化。鍾馗及其小妹就
是在此時出現於文人的記載之中，以下請先由周代談起。

三、民間的驅儺

　　《論語・鄉黨》篇說孔子：

鄉人儺，朝服而立於階[31]。

此處顯示孔子對於民間的驅儺並不排斥，朝服而立於階，顯示出他對驅儺隊伍的尊重。之後到了南北朝，《南史·曹景宗傳》云：

（曹景宗）為人嗜酒好樂，臘月于宅中使人作邪呼逐除，遍往人家乞酒食[32]。

而《梁書·曹景宗傳》則說：

臘月於宅中，使作野虜逐除，遍往人家乞酒食[33]。

楊彥齡《楊公筆錄》有云：

唐敬宗善擊毬，夜艾，自捕狐狸為樂，謂之打夜胡。故俗因謂歲暮驅儺為打夜胡[34]。

楊彥齡不僅記錄了「打夜胡」這個名稱，而且還試圖為這個名稱尋找由來。不過將此資料與上兩條比對，會發現都是在說驅儺之事。而由南朝記載中的「邪呼」、「野虜」來看，「夜狐」應該也是同樣的叫聲。何況後出的唐敬宗也不可能影響前代的風俗，故這應該是一個解釋風俗由來的故事。在宋趙彥衛《雲錄漫鈔》亦有云：

世俗歲將除，鄉人相率為儺，俚語謂之打野胡。案《論語》：鄉人儺，朝服立于阼階。注：大儺逐疫鬼也，亦呼為野雲戲[35]。

此處的「野胡」應該也是和「邪呼」、「野虜」、

「夜狐」一樣，是個形聲的詞。晚唐羅隱〈市儺〉說：
「儺之為名，著于時令矣。自宮禁至于下俚，皆得以逐災
邪而驅疫癘。故都會惡少年，則以是時鳥獸其形容，皮革
其面目，丐乞於市肆間[36]。」此時的儺的扮相仍以動物為
主，而「都會惡少年」的句子，也顯示出當時的驅儺有遊
戲的味道。蓋驅儺可以戴面具玩樂，又可以在街上邪呼怪
叫，都會惡少自然會喜歡了。而於市肆乞求，本是遊戲，
但以後卻發展成為乞丐索錢的通例。民間驅儺的逐漸變
質，對鍾馗故事有重大的影響，容後再敘。

《武林舊事》〈歲晚節物〉條云：「市井迎儺，以鑼
鼓遍至人家乞求利市[37]。」而南宋吳自牧《夢梁錄》十二月
條也有民間驅儺的記載：

> 自入此月，街市有貧丐者三五人為一隊，裝神鬼、
> 判官、鍾馗、小妹等形，敲鑼擊鼓，沿門乞錢，俗
> 呼為「打夜胡」，亦驅儺之意[38]。

由於「打夜胡」是民間驅儺的名稱，存在已久的鍾馗
驅儺和它扯上關係是很自然的。只不過此時「打夜胡」早
已變質，而且成為一種歡樂的新年民俗活動，鍾馗身處其
中，也不得不做些改變。筆者以為，「打夜胡」這種民俗
活動，和鍾馗小妹的誕生有著絕對的因果關係。而自宋以
後，民間驅儺的儀式也轉變為較歡樂的跳灶王等習俗。產
生這種改變的原因，乃是因為當時佛道兩教均早已盛行許
久，不論是和尚或道士都可以驅鬼。民間自不需要重視這

種原始的儀式。這種原始基本功能的消退，使得驅儺儀式開始走樣。不過在此必須特別說明，所謂民間驅儺變為跳灶王、打野狐等情形，只是指中國廣大土地上的一部分地區而言。事實上直到目前，在各地仍有極其原始的地方驅儺儀式，有的和戲曲結合而發展出儺戲，這些在近年來研究儺文化的學者們所發表的田野調查報告及論文當中，均有詳細的論述，於此不再徵引。

第二節　巫

一、鍾馗與巫者的關係

鍾馗雖然和儺有極大的關係，但由於儺文化的實質，「乃是一種巫文化的表現，即中國古儺儀具有巫術性質[39]。」再加上周繇的〈夢舞鍾馗賦〉中所描寫的情景，並不像是驅儺，反而頗類巫者的表演。所以要瞭解鍾馗故事的由來，還必須另外討論巫者在其中所扮演的腳色。

《說文解字》五篇上巫部說：

> 巫：祝也。（段注：祝乃覡之誤。）女能事無形，以舞降神者也。象人兩褒舞形。與工同意。古者巫覡初作巫。凡巫之屬皆從巫。𤭖古文巫[40]。

又《晉書‧夏統傳》曾描寫女巫說：

> 其從父敬寧祠先人，迎女巫章丹、陳珠二人，並有國色，莊服甚麗，善歌舞，又能隱形匿影。甲夜之

初,撞鐘擊鼓,間以絲竹。丹、珠乃拔刀破舌,吞
刀吐火,雲霧杳冥,流光電發。統諸兄弟欲觀之,
難統,於是共紿之曰:「從父間疾病得瘳,大小以
為喜慶,欲因其祭祀,並往賀之,卿可俱行乎?」
統從之,入門,忽見丹、珠在中庭,輕步舞,靈談
鬼笑,飛觸挑枰,酬酢翩翻[41]。

這兩段資料,說明了巫者在表演時所呈現的景象,即
歌、舞、隱形、降神及能治病等事。這幾點在周縉的賦中
均能找到相應的描寫。如其賦中的「或呀口而揚音」即歌
的部分;「顧視才定,驅蹌忽前」「曳藍衫而颯纚,揮竹
簡以蹁躚。頓趾而虎跳幽谷,昂頭而龍躍深淵。」是舞的
部分,又「煙雲忽起,難留舞罷之姿;雨雹交馳,旋失來
去之跡。」和上文的「又能隱形匿影」「雲霧杳冥,流光
電發」也很像。而巫者跳舞之時有樂器伴奏「撞鍾擊鼓,
間以絲竹」,與〈夢舞鍾馗賦〉中「調鳳管,揆鸞弦」也
類似。

此外,周縉賦中所寫鍾馗倏乎而來,忽焉而去的情
況,正是降神送神的景象。如唐代王維〈魚山神女祠歌‧
送神〉云:

紛進舞兮堂前,目眷眷兮瓊筵,來不言兮意不傳,
作暮雨兮愁空山。悲急管兮思繁弦,神之駕兮儼欲
旋。倏雲收兮雨歇,山青青兮水潺湲[42]。

二者在文字上有許多類似之處,所寫的便是相同的

情形。

　　鍾馗出現的目的是為了替皇帝治病,而「在中國古代社會中,巫醫不分,醫術主要掌握於巫者之手,故治病之事乃是古代巫者的主要職事之一[43]。」如鄭玄云:

　　　　巫,掌招弭以除疾病[44]。

何休亦云:

　　　　巫者,事鬼神,禱解以治病請福者也[45]。

　　明皇在久病不愈後,捨醫而就巫,其心態並不難理解。蓋人力所不能解決之事,只有交由超自然的力量代勞。歷史上關於人民捨棄醫師而求助巫者治病的事例頗多,王符即曾針對此現象提出批評:

　　　　詩刺「不績其麻,女也婆娑」,今多不修中饋,休其蠶織,而起學巫祝,鼓舞事神,以欺誣細民,熒惑百姓。婦女羸弱,疾病之家,懷憂憒憒,皆易恐懼。至始奔走便時,去離正宅,崎嶇路側,上漏下濕,風寒所傷,姦人所利,盜賊所中,益禍益祟,以致重者,不可勝數。或棄醫藥,更往事神,故至於死亡,不自知為巫所欺誤,乃反恨事巫之晚,此熒惑細民之甚者也[46]。

　　在唐代之前的南朝,宮中也崇信巫術:

　　　《陳書》:「後主張貴妃名麗華……好厭魅之術,假鬼道之惑後主,置淫祀於宮中,聚諸妖巫使之鼓舞[47]。」

　　而唐代雖然佛、道盛行，但巫者並未消失。如唐代李
肇便曾說：

> 肅宗以王璵為相，尚鬼神之事，分遣女巫，遍導山
> 川。有巫者少年盛服，桀傳而行，中使隨之，所至
> 之地，誅求金帛，積載於後[48]。

　　對於巫者能醫病的信心到宋朝仍有，如宋朝曾敏行
《獨醒雜志》卷三：「廣南風土不佳，人多死於瘴癘，其
俗又好巫尚鬼，疾病不施藥餌，惟與巫祝從事，至死而後
已[49]。」又有云：「劉執中彝，知虔州，以其地近嶺下，偏
在東南，陽氣多而節候偏，其民多疫，民俗不知，因信巫
祀鬼。乃集醫作正俗方，專論傷寒之疾。盡籍管下巫師，
得得三千七百餘人。勒之，各授方一本，以醫為業。楚俗
大抵尚巫，若州郡皆仿執中此舉，亦政術之一端也[50]。」民
眾相信巫醫到如此地步，無怪乎以驅疫出身的鍾馗能夠流
傳了。

　　由以上的資料可看出，巫者治病跟醫師問診絕不相
同，其法多是「鼓舞事神」。而周繇賦中的鍾馗便是作舞
形，加上巫者治病大部分是在驅鬼，由此亦提供另一個角
度來看鍾馗的本質。

　　由文字方面來看，鍾馗和巫也有些關連。據周策縱研
究認定：「甲古文巫字實是從玉字整齊化而成[51]。」他並
舉馬敘倫《說文解字六書疏證》巫下為例，說明巫用玉
舞蹈：

　　《周禮》大宗伯，以蒼璧禮天，《周禮》男女巫屬
　　大宗伯，大宗伯即《書·舜典》之秩宗，秩宗掌辨
　　神祇尊卑之序，巫之以玉事神，此其證也[52]。

　　而且《說文解字》所列小篆「靈」字項目，下面不從
巫，而從玉。他說：

　　靈：巫也。以玉事神。從玉，霝聲。靈，靈或從巫[53]。

　　靈，靈既是同一字，上半全同，則下面的「王」
（玉）自然也就等於「巫」了[54]。

　　又上章曾舉過《周禮·男巫》中的句子：「冬堂贈，
無方，無算。」周先生也認為「無」字確應讀作「舞」。
意思是說，男巫逐除不祥，要舞方巾或方板或四方舞，還
要持筭而舞。筭字篆文即從手持玉[55]。

　　這些「巫」與「玉」的關係令人聯想起「終葵，椎
也。」這條常被引用卻又不甚合理的鍾馗姓名由來的資
料。此資料無法自圓其說的原因在於，找不到「古人以椎
擊鬼」這樣的記載。但若是由巫的角度看，玉器只是巫者
的配件，它能不能擊鬼並不清楚，但是巫者為治病而舞應
該就是在驅鬼了。

　　宋朝郭若虛於《圖畫見聞誌》中曾提及兩幅五代的鍾
馗畫，一稱〈小兒戲舞鍾馗〉，一稱〈舞鍾馗圖〉，均有
舞姿。而後者曾上與周祖，還蒙賞賜[56]。由以上的許多資
料看來，鍾馗的這些舞蹈動作，當是由巫者的動作轉變而
來。關於巫舞，有許多詩人的詠嘆。如李賀〈神弦曲〉：

「畫弦素管聲淺繁，花裙綷縩步秋塵[57]」，生動地描寫女巫的舞態。又如王建的〈賽神曲〉也說：「男抱琵琶女作舞[58]」。又今天在江蘇揚州邗江仍存在一種民間祈禱舞叫「花香鼓」，「舞態優美秀麗、別具風韻。據說在東周列國時叫『跳五岳』，唐代叫『跳娘娘』，至清代，因由男身扮女身的香火童子妝『娘娘』--師巫作舞，故改叫『花香鼓』。其表演方式是在方堂裡，用桌子、屏風拼起來作雕台。……當家中有人生災害病，就請娘娘來舞『花香鼓』，作『家譜會』」，祈禱家中人口平安[59]。」而在「花香鼓」的基本舞姿中，「每一定相和基本走步都要求手舉齊眉鼓，這大概就是古代祝禱的儀式[60]。」這種請巫在屋內跳舞，以求健康的風俗，與舞鍾馗有著相同的心理背景。

二、巫者與方相的區別

討論至此，必須說明儺與巫的關係。鍾馗既然是儺中的要角，為何又與巫會扯上關係呢？而儺中的領導者方相氏，由於面貌醜惡怪異，有學者認為它就是鍾馗的前身。所以有必要在此釐清二者的關係。

上文曾提及，巫者的主要職掌之一就是治病。治療個人的疾病，就是巫；若防治的是普遍性或傳染性的疫癘，就叫作儺了。也就是英國人類學家弗雷澤（J.G. Frazer）所謂的「公眾巫術」，「即一些為了整個部落裡的共同利益而施行的巫術[61]。」該書並定義「個體巫術」為：「即一些為了個人的利害而施行的巫術儀式或法術。」如此一

分，就可以將大儺中的方相與施行個體巫術的巫者作一番
區別。

歐陽予倩說：

> 「巫」和「儺」不同的地方，就是它不僅是驅鬼，
> 並以歌舞迎神。把神迎來了，他就裝神，同時歌舞
> 以娛神，並以娛人，末了把神送走[62]。

而且「儺的規模比巫大，可以很多人舞[63]。」證之以鍾
馗故事，它只有單身一人，鍾馗單憑自己就可以驅鬼，不
需要跟著隊伍一起行動。以它出現的情形看，比較類似巫
者的作法，而不像壯觀的驅儺場面的大隊伍，也許它本是
作巫者的工作。雖然方相和巫的職責有別，不過巫者仍然
可以參加大儺的儀式，如前舉張衡〈東京賦〉有云：

> 方相秉鉞，巫覡操荊。

又如前舉馬融〈廣成頌〉：

> 導鬼區，徑神場，詔靈保，召方相，驅厲疫，走域祥。

下注：「靈保，神巫也。《楚辭‧九歌》曰：『思靈
保兮賢姱。』」可見方相與巫是可以同時出現的。

由方相的職掌看來，他也是巫者的一員。只不過由於
分工較細的關係，而有了特殊的名稱和工作。到後世，它
也有屬於自己的故事流傳，如以下這幾個例子：

> 《幽明錄》：「廣陵露白村人，每夜輒見鬼怪，咸
> 有異形醜惡。怯弱者莫敢過。村人怪如此，疑必有

故，相率得十人，一時發掘，入地尺許，得一朽爛方相頭；訪之故老，咸云：『嘗有人冒雨送葬，至此遇劫，一時散走，方相頭陷沒泥中[64]。』」

《幽明錄》：「王仲文為河南主簿，居緱氏縣，夜歸，道經大澤中。顧車後有一白狗，甚可愛，便欲呼取；忽變為人形，長五六尺，狀似方相，或前或卻，如欲上車。仲文大怖，走至舍，捉火來視，便失所在。月餘日，仲文將奴共在路，忽復見，與奴竝頓伏，俱死[65]。」

《續異記》：「零陵太守廣陵劉興道，罷郡住齋中。安床在西壁下，忽見東壁邊有一眼，斯須之間便有四，漸漸見多，遂至滿室；久乃消散，不知所在。又見床前有頭髮，從土中稍稍繁多。見一頭而出，乃是方相頭，奄忽自滅。劉憂怖，沈疾不起[66]。」

《雜鬼神志怪》：「顧邵為豫章，崇學校，禁淫祀，風化大行。歷毀諸廟，至盧山廟，一郡悉諫，不從。夜，忽聞有排大門聲，怪之。忽有一人開閤逕前，狀若方相，自說是盧山君[67]。……」

《甄異傳》：「庾亮領荊州，登廁，忽見廁中一物如方相，兩眼盡赤，身有光耀，漸漸從土中出。庾中攘臂，以拳擊之，應手有聲，縮入地。因而寢疾遂亡[68]。」

　　由此可知。在六朝時，看見方相並不是件好事。它已成為惡鬼的代名詞了。

　　《三者源流搜神大全》卷七：「開路神君，乃是《周禮》之方相氏是也。相傳軒轅皇帝周遊九垓，元妃嫘祖死於道，令次妃好如監護，因買方相以防夜，蓋其始也。俗名險道神，一名阡陌將軍，一名開路神君。其神身長丈餘，頭廣三尺，鬚長三尺五寸，鬚赤面藍，頭戴束髮金冠，身穿紅戰袍，腳穿皂皮靴，左手執玉印，右手執方天畫戟，出柩以先行之，能押諸凶煞惡鬼藏形，行柩之吉神也，留傳之于後世矣[69]。」

　　《歷代神仙通鑑》卷二：「（黃帝）召募勇人方相氏，執戟防衛，封阡陌將軍。（後死為險道神，一曰開路神。帝證果，召為雷部健兒。善走，能與雷相疾。號曰律令。咒云急急如律令，謂此[70]。）」

　　《事物紀原》卷九：「《軒轅本紀》曰：帝周游時，元妃嫘祖死于道，令次妃姆媼監護，因置方相，亦曰防喪。此蓋其始也。俗號險道神，抑由此故爾[71]？」

　　又《中國民間諸神》云：「後世喪葬，皆扎其形，為靈柩先導，號開路神。或又傳說黃帝時於道路置以護喪，故又稱險道神。明代則又將其人神化。如《歷代神仙通鑒》稱其為黃帝時之長勇人（又稱為雷部健兒），《封神演義》則析為二，…近代民間喪禮多用之。江南一帶出殯，以布蒙木架，製二巨人，高丈餘，身披鎧甲，頭如斗，戴盔，作金剛怒目狀，為送殯行列之先導，其為方

弼、方相兄弟之儔乎[72]？」可見方相已經轉變為喪葬所用，所以有「險道神」、「開路神」等名稱出現。而它的各種轉變，雖然都圍繞在驅鬼這件事上，但是其名稱並沒有轉變成鍾馗的跡象，直到現代，仍然叫做方相。也就是說，它有屬於自己的演變過程，和鍾馗並沒有關連。

綜上所述，可知方相不是鍾馗的前身，因為：

一、方相在唐代的大儺仍然是重要腳色，但是當時鍾馗不但已經出現在敦煌驅儺文中，而且可以由人扮演沿門驅儺。又由周繇之賦可知鍾馗可以被請來驅除疫鬼，替人治病。過年還可以貼在門上，可見其應用之多。而且位處邊塞的敦煌可以發現他的蹤跡，亦可見其流傳之廣。這樣一位在唐朝被廣泛使用的神明，其出現應該是在唐朝之前，而不是由方相變來的。

二、鍾馗在宋朝的大儺中雖有出現，但只扮演了一個小腳色，不過是龐大驅儺隊伍中的一員。他並不像方相氏那般有領導地位。

三、宮廷所行的禮儀多半與民間無關[73]，方相氏即是一例。這與民間生活息息相關的習俗一旦與民間生活脫節，就很難生存下來。宮廷之中行此禮儀恐怕也是不知其所以然，自己也不大相信。所以《新唐書・禮樂志》會感嘆說：「禮樂為虛名也哉！」是有其道理的。

總而言之，鍾馗並不是由方相直接轉變而來。它雖然參與了大儺的儀式，可是此儀式也允許巫者參加。而且方相也有自己的演化過程，在後世，其職掌偏向喪葬中的

開路神，而少有逐疫之事。在六朝時的戴胡公頭逐疫，乃是取代它而非由它轉變而來。二者在思考的基礎上是相通的，均是「以惡治惡[74]」的想法，但是彼此之間並沒有因果關係。此時也正是鍾馗出現的時候，因為此時新的瘟神與疫鬼興起，人們對古老方相逐疫的信心漸退，將它歸類至惡鬼及開路神一類。轉而支持自己相信的神明，這也就是為什麼當時的方相故事沒有一個和「逐疫」有關的原因。

第三節　瘟神

東漢至唐末，是大儺與辟瘟懺並存的時期[75]，鍾馗在此時出現，於大儺逐疫的儀式中佔有一席之地，其出身故事又強調它能治瘧疾，這表示它與瘟神信仰必有關係。

不過如此簡單的推論並不足以明瞭鍾馗故事中所受的瘟神影響。試應用民間文學的研究方法來看，在上一章所分析出的鍾馗故事情節單元中，有「不正常的死亡」一條。而證之瘟神的出身故事，不正常的死亡乃是瘟神的共通之處。故筆者以為，這正是鍾馗受瘟神信仰的影響而加入的情節單元。

劉枝萬曾分析瘟神信仰，認為：

> 瘟神成立之傳說，皆死於非命，無一善終者。其地方官為救瘟罹疫身亡及五書生投井收毒止瘟之傳說，均被解釋為神像作猙獰可畏狀，面呈靘、黝、赭等色之原因，無疑是影射罹疫臨死時掙扎之恐怖狀。

> 瘟神傳說，情節離奇，富於變化，但皆為冤死，
> 陰魂不散，作祟為虐，因而被供奉為神；且廟祀之
> 後，屢顯奇蹟，而其故事，以陰幽成份居多[76]。

可見瘟神的故事都有固定的情節單元（冤死）及故事
類型（救瘟罹疫身亡或五書生投井）可循。要瞭解造成這
種現象的原因，必須回到瘟神信仰初起的時候來看。李豐
琳曾經指出，瘟神是起於鬼神論的瘟疫意識，瘟神本是統
領疫鬼的大鬼，是稟受太上之命而來執行懲罰的任務的，
其身分多是敗軍之將，因為「一是戰役、大兵之後屍體未
能完善處理，導致傳染病流行的恐怖經驗，這是根據經驗
原則所形成的認知；另一則是對於凶死者成為厲鬼，基於
怖懼情緒乃相信在陰界鬼雄將率領鬼卒為祟[77]。」由此即
可瞭解故事要瘟神「冤死」的原因。而為什麼後世會崇拜
這種害人的大鬼呢？試以臺灣的燒王船為例，漂王船本來
是為了將瘟神送走，這艘船自然便是不祥的象徵。而當它
漂到別村時，村民為了躲避他人傳來的災禍，只好把船燒
掉。燒了幾次以後，便有人覺得燒王船的那幾年特別風調
雨順，遂成為固定的儀式。今天還有老婦人每年都要牽王
船，認為自己的身體硬朗全拜牽王船所賜[78]。可見再如何不
祥的東西，都有可能成為崇拜的對象，因為這裡面包含了
功利的心理。

徐華龍認為，由生產力發展比較緩慢的民族來觀察，
在原始宗教的階段，「鬼的意識是最先出現的。隨後因人
類進步，鬼又變成善惡兩種，又隨著歷史的前進和發展，

善鬼就變成了神，這樣就出現鬼、神兩種不同的宗教概念[79]。」而且「人變化成鬼，是通過死這樣一個中介；人變化成神，同樣也通過死這樣一個中介[80]。」所以由鬼而成神，是很容易的。

鍾馗的起源十分複雜，它本身是大儺的神明，又有巫者的影子。但是其出身的故事卻出現於北宋，此時瘟神信仰已經出現。而為了因應新的信仰，所以它的故事也要有瘟神的影子。對瘟神的形成，人民傾向於讓它不正常的死亡。而宋代才出現的鍾馗出身神話，由於行瘟神的職責，自然也要有其特徵，所以造出的故事也就會包念這個情節單元了。甚至可以說，由於民眾對瘟神已有不正常死亡的刻板印象，故任何新加入而尚未有故事的瘟神，都可以套用這個情節單元來創造新的故事。

以鍾馗的例子來說，這樣的創作痕跡並不是很明顯，試由另一個例子來看。《古今圖書集成·職方典》卷一一八六「黃州府部」，有民間驅儺的另一個起源故事：

> 鄉儺神。舊云，高陽氏第三子歿而為神。薪事儺甲於他方，有七十二家。俗云，天寶時兄弟三人，尚游狹，醉臥天津橋。元（玄）宗微行見之，戲令從侍粉墨其面，覺而相視大笑，遂死。見夢於帝曰，臣兄弟蒙帝賜粉墨，魂魄不歸，無所憑依，乞臣何職？帝曰，令汝為儺，每至春陽，巡行花柳，可乎？因令縣邑塑三人狀，賜太尉。自是帝屢夢挾三人遊。故今儺像，左右三太尉，中為唐明皇帝也[81]。

驅儺本就是逐疫，已見前述。而此故事也是為了使古老的驅儺逐疫在信仰已經改變的後代能夠合理化，所以採用後起的瘟神故事的情節單元來創作。由文中可看出，為了讓它們死得不正常，竟然用了「笑死」來搪塞。故事本身荒誕不稽，所想的死因也太過牽強。但是由此故事可以清楚看到，民間為了承襲傳統觀念，在編故事上所作的牽就。而由面部的化裝及供奉的人數也可以看出它和現實宗教的關係。民眾為了讓祭祀合理化所編的皇帝下命令給予職位的情節，也是瘟神故事經常使用的。

由這個故事再回到鍾馗身上，它為了符合瘟神的出身，所以必須要死得不正常。但是如此一來，就必須要有個不正常的死亡理由，所以才說它應舉不捷，觸死殿階。這在當初必是沒有什麼含意的，本是個胡謅的死因，就如同鄉儺神的「笑死」一般。不料到後世，這點卻成為鍾馗進入文人世界的最重要原因，而由此所發展出的種種鍾馗的文人故事，更是不可勝數了。

在民國六十六年出版的《民間知識》月刊上，高啟智曾記載一個與眾不同的鍾馗出身故事：

> 又有以鍾馗為門神者，始自唐朝，傳云：「南山有一舉子，從家赴京考試，途中搭船遇雨，在百無聊賴中，即以酒解愁，窺其旁者，衣襟懷有一小瓶，遂問其為何？答曰：『伊朗瘟神』，並曰：『緣有百姓作惡，應召至降災也，若將此瘟水一滴，則此一方人士皆罹疫死亡。』鍾馗聽罷，即出其不意，

將那瓶瘟水奪到手裡，一口氣喝下肚去，霎時七孔
流血而死。他犧牲了自己，救活了無數人的生命，
實在是等於啖食了許多害人的魔鬼。」此說盛於唐
而流傳到元，從元以後，其形象的畫法，卻與原來
形象不一，鍾馗臉上不但長了鬍子，而且還坐著藤
椅哩[82]！

此處本義在說明鍾馗成為門神的原因，卻意外地記
下了鍾馗是瘟神的另一證據。在瘟神故事中，「服毒救
人」，是另一個重要的情節單元。例如目前江淮一帶盛行
的《跳馬夫》，其中民眾頂禮膜拜的都天菩薩，據說原
是唐代開元進士張巡，雖然他「睢陽百戰捍賊塵，保障功
在江淮民。」但是死得也很慘。所以民間又說他善驅鬼避
疫，「夜遇疫鬼散毒氛，以一人活萬人[83]。」又如福建當地
的池王爺傳說即云：

池然字逢春，為明萬曆三年武進士，居官清正。
在調任彰州府道台的赴任途中，路遇天行使者，得
悉是奉玉旨前往彰州行瘟。道台一想，那正是自己
的赴任之地，豈可讓百姓罹災。於是假計請使者飲
酒，並要求借看瘟藥，等一拿到手後，迅即服下。
瞬間毒性發作，臉色變黑，遂即化身。經使者稟報
後，玉帝嘉許其愛民之心，玉旨敕封為代天巡狩，
並委任在馬巷元威殿為神[84]。

此故事與上引的鍾馗故事十分相像，不同之處只在於

多出「玉帝敕封」一節，這也是瘟神信仰的另一個重要情節。蓋瘟神不見容於稟持儒家教化的當道官員，所以必須找一個合理化的解釋，其法便是附會皇帝或玉帝曾允許此種祭祀行為[85]。在鍾馗故事中，他曾附會上唐玄宗，以為其門神信仰尋求合理化的解釋。但是其重點是在說明貼鍾馗畫，而不是說明鍾馗驅鬼之法力來自於皇帝。這點缺憾在後代的三本鍾馗小說中則予以補足。關於鍾馗小說與前代故事及民間信仰之關係，本論文有專章討論，容後再敘。而瘟神由於毒發身亡，所以臉色藍黑，這也可解釋有些鍾馗畫的臉色怪異之因。

據劉枝萬研究，瘟神信仰的發展有六個階段，第一階段是疫鬼本身；第二階段是取締疫鬼，除暴安良之神；第三階段是保護漁民之海神；第四階段是由驅瘟逐疫之功能，再進一步，成為醫神；第五階段是保境安民之神；第六階段是萬能之神[86]。而鍾馗由於來源繁雜，所受的影響又多，所以並沒有完全依此原則演化。但是它至少已經到達「醫神」的地位。因為在明代，鍾馗畫已經成了醫藥。如《本草綱目》卷三十八服器部有〈鍾馗條〉，云：

【主治】：辟邪止瘧。

【附方】：婦人難產。（鍾馗左腳燒灰水服。）

鬼瘧來去。（畫鍾馗紙燒灰二錢，阿魏砒霜丹砂各一。皂子大為末，寒食麵和丸，小豆大，每服一丸，發時冷水下，正月十五日，五月初五日，脩合[87]。）

　　就連在唐代和鍾馗同時頒賜大臣的曆日也是藥的一種。《本草綱目》說曆日主治「邪瘧」，其法是「用隔年全曆，端午午時燒灰[88]」。這不僅和過年有關，它已經和端午結合了。

　　鍾馗畫可以治病，可是卻不見其它門神畫如神荼、鬱壘，秦叔寶、尉遲恭等有治病的能力。因為它們並未和瘟神信仰結合，所以沒有這種法力。鍾馗發展到這個地步，它和瘟神的關係已不只情節單元的借用，而是真有瘟神的本質了。如此一來，它也就很自然地跟隨著瘟神由歲暮進入端午。如光緒年間刊行的《越諺》，在其中卷〈名物、鬼怪〉項下有「鍾馗」之名，下注：「廚貼，即鍾馗進士畫像，端午懸[89]。」便是這個習俗的記載。

　　由《三教源流搜神大全》可知，民間祭瘟神在五月五日[90]，正是端午節。而划龍舟的習俗本有逐疫之意。端午節更是一個為了逐疫才存在的節日，黃石於《端午禮俗史》中說：「端午節是個渾然的歲時禮俗體系，它的諸般禮俗有一條線索貫通，作為它們的中心柱義。是什麼呢？一切都為了逐疫，一切都為了保證生命的安全。最高的目的，惟一的動機，是生存慾的表現。一句話說，端午節是逐疫節，這就是它的根本意義，也就是惟一正確的解釋[91]。」鍾馗既然有逐疫鬼的能力，進入端午也就十分地自然。

　　不過，鍾馗在瘟神方面的發展為何只到「醫神」為止，而不能再往上提升？筆者以為，這和它一開始就介入了門神信仰有絕對的關係。下節就來探討這個問題。

第四節 門神

　　由劉禹錫的謝表可知，早在唐朝時，鍾馗就已經加入了門神的行列。而成為門神這件事對鍾馗的影響既深且巨，首先，由於民間年畫的廣大宣傳力量，使得鍾馗的形象深入人心，成為眾人皆知的驅鬼之神。其次，由於門神並不是崇高的神明，後世又注重其吉祥喜慶的功能，所以鍾馗乃是以地位不高的形象深入人心。這點也阻礙了它進一步往上發展的可能。

　　中國在很早以前就有門神的神話，如：《論衡·訂鬼》引古本《山海經》：

> 滄海之中，有度朔之山，上有大桃木，其屈蟠三千里，其枝間東北曰鬼門，萬鬼所出入也。上有二神人，一曰神荼，一曰鬱壘，主閱領萬鬼。惡害之鬼，執以葦索而以食虎。

　　於是黃帝乃作禮，以時驅之。立大桃人，門戶畫神荼、鬱壘與虎，懸葦索以禦凶魅[92]。

　　又同書〈亂龍〉篇云：

> 上古之人有神荼、鬱壘者，昆弟二人，性能執鬼，居東海度朔山上，立桃樹下，簡閱百鬼。鬼無道理，妄為人禍，荼與鬱壘，縛以蘆索，執以食虎。[93]

　　又《文選·陸士衡輓歌詩》李善註引《海水經》：「東海中有山焉，名度朔，上有大桃樹，東北瘣枝名曰

鬼門，萬鬼所聚[94]。」這些記載說明神荼、鬱壘兄弟本是看守鬼門的守吏，又能「捉鬼」。不過他們自己並不「吃鬼」，所以要養一隻老虎，用鬼餵它。而「門戶畫神荼、鬱壘與虎，執葦索以禦凶。」表示在漢朝已有在門上畫這些圖樣的習俗，在河南出土的漢代畫像磚上，也有類似的圖案[95]。在今天，「北方人家的大門上常常刻有神荼鬱壘四字[96]。」就是這種故事留下的影響。

在經書中，門是被祭祀的對象。《禮記·王制》：「大夫祭五祀。」鄭注：「五祀謂司命也，中霤也，門也，行也，厲也[97]。」又《禮記·祭法》：「大夫立三祀，曰族厲，曰門，曰行。適士立二祀，曰門，曰行。庶士庶人立一祀，或立戶，或立灶。」鄭注：「小神居人之間，司察小過，作譴告者爾。門戶主出入，往主道路行作[98]。」

可見門在周代頗受重視，不論是那一階層，也許沒有祀灶，卻必祀門。後代則正好相反。不過當時雖然已有神荼鬱壘的名稱出現，可是並沒有祭祀它們的記載。所以鄭玄所謂的門神，應是屬於原始的泛靈信仰，認為萬物有靈而祭祀。但是由鄭注也可看出門神的地位本就不高，只是「小神」，扮演著向上天打小報告的腳色。

在今天河南出土的漢代墓室的守衛門吏圖像，畫的根本是兩個小兵。可知門神雖有長遠的歷史，但在一般人的心中，它們不過是看門的人。官員和貴族有衛兵可以守門，一般升斗小民只有自己畫衛兵或長相兇惡的動物代替。前者如守衛門吏的圖像，後者就是所謂的鋪首。這兩

者也可以互相結合，如前舉鬱壘執索縛有一虎的古老故事，在漢代畫像磚上也出現過。所以後代民眾會在門上貼全副武裝的將軍守門，乃是由實際的行為（官府叫士兵守門）發展而來的。

在這種情形之下發展出來的門神，由於地位不高，所以經常是被嘲弄的對象。如蘇東坡《調謔編·爭閒氣條》：

> 東坡示參蓼云：「桃符仰視艾人而罵曰：『汝何等草芥，輒居我上？』艾人俯而應曰：『汝亡半截入土，獨爭高下乎！』桃符怒，往復紛爭不已。門神解之曰：『吾輩不肖，傍人門戶，何暇爭閒氣耶[99]？』」

此處的門神說自己是「吾輩不肖，傍人門戶」。除了原本的為人看門的含意之外，又有依附權貴的悲哀。而明代茅維有《鬧門神》雜劇，故事大意是，農曆除夕，依照往例，舊門神必須讓位給新門神。可是當新門神來到之後，舊門神卻還不肯走，新門神只好在一旁等待。這時灶君、鍾馗、和合二聖，都來勸說舊門神趕快讓位，但他還是不為所動。最後天帝派遣九天監察使者處理，將將舊門神及其隨從順風耳一并遣謫到沙門島而結束[100]。此劇意乃譏守令官新舊交代喧爭醜態，而門神就成了被恥笑的對象了。

在清代《車王府曲本》所收錄的《奇冤報總講》一劇，就藉著兩位門神之口，說出了身為門神的悲哀：

門神頭（白）天下神明有人敬。

門神二（白）惟有我們門神冷如冰。

門神頭（白）冷熱風寒已受盡。

門神二（白）一年一換一年新[101]。

　　清人富察敦崇在《燕京歲時記》書中，即曾對不敬門神的現象提出批評：「夫門為五祀之首，並非邪神，都人神之而不祀之，失其旨矣[102]。」可見門神並不受一般民眾崇拜。

　　這些對門神的輕蔑，鍾馗自己也嘗到了。元曲《盆兒鬼》雜劇即有辱罵鍾馗，甚至撕毀其像的舉動：

（正末罵門神科云）：「俺罵那門神戶尉去，好門神戶尉也，你怎生把鬼放進來了？俺要你做甚麼！」

（唱）

【麻郎兒】俺大年日將你帖起，供養了饊子茶食，指望你驅邪斷祟，指望你看守家計。

【幺篇】呸！俺將你畫得這惡支殺樣勢，莫不是眈睡了門神也那戶尉，兩下裡桃符定甚大腿。（做扯碎鍾馗科）（唱）手攤了這應夢的鍾馗[103]。

　　《盆兒鬼》的故事有一個眾所皆知的情節，那就是冤魂遭門神擋駕而不能入衙門訴冤。此處的鬼魂在張憨古家出入自如，視鍾馗如無物。可見在元朝，鍾馗的門神功能已經逐漸喪失。這是跟隨著門神信仰的變化而來的，並不

是鍾馗一個人的錯。

此處又有一個問題，在《盆兒鬼》雜劇中，有的門神有用，有的沒用，可見門神的種類和功能已經多樣化了。據王樹村說：「明朝以後，門神畫樣更多，年畫作坊常取小說故事中的人物充作門神。如燃燈道人、趙公明、馬超、馬岱、穆桂英、劉金定等，已漸漸失去了門神護宅之古意，而形式越來越圖案化[104]。」而在現代，門神有神荼、鬱壘、秦叔寶、尉遲敬德、燃燈道人、趙公明、馬武、姚期、孫臏、龐涓、孟良、焦贊、楊波、徐延昭、穆桂英、蕭何、韓信、楊滾、裴文慶、李元霸等二十多位。可以看出門神的數目不斷在增加，一個本就受到輕視的神明，其數量又愈來愈多，相對地民眾可以選擇的機會也多，這使得鍾馗不得不逐漸衰微。

除此之外，門神畫也被加入了吉祥喜慶的意味，如《集說詮真》云：

> 《雜志》又稱後世多畫將軍朝官，復加爵鹿蝠鵲寶馬瓶鞍之狀（繪爵樽，借作爵秩；鹿，借音榮祿；蝙蝠，借音景福；喜鵲，借音喜慶；元寶，借音馳報；馬，借作驛馬；瓶、鞍，借音平安。繪此八事，取爵祿福喜報馬平安八字之義）。皆取美名以嘉祉[105]。

可見門神的職責不但已有歡樂的成分加入，而且還可以有各種變化，這點對鍾馗的形象影響很大。在年畫上常

有鍾馗持劍注視蝙蝠，稱「只見福來」（執劍蝠來），就是這種情況下的產物。這也使得鍾馗的活動範圍不在侷限於陰森恐怖的鬼界，而有發展帶喜慶意味故事的可能。

在門神的故事方面，鍾馗似乎影響後出的秦叔寶、尉遲恭二將軍，《三教源流搜神大全》卷七：「門神乃是唐朝秦叔保、胡敬德二將軍也。按傳唐太宗不豫，寢門外拋磚弄瓦，鬼魅號呼，三十六宮，七十二院夜無寧靜。太宗懼之，以告群臣，秦叔保出班奏曰：『臣平生殺人如剖瓜，積屍如聚蟻，何懼魍魎乎？願同胡敬德戎裝立門以伺。』太宗可其奏，夜果無警。太宗嘉之，謂二人守夜無眠，太宗命畫工圖二人之形像全裝，手執玉斧，腰帶鞭練弓劍，怒髮一如平時，懸於宮掖之左右門，邪祟以息。後世沿襲，遂永為門神[106]。」這種鬼吵鬧皇帝，只有某人可止，遂畫其像貼之於門的情節，與鍾馗故事十分相像。據學者指出「門神中白臉者為秦瓊，黑臉者是尉遲恭，乃元朝以後的事[107]。」吳哲夫也考證說：「這兩位將軍被尊為門神，唐宋小說中並無著錄，而見於明代《西遊記傳》、《西遊記》、《三教搜神大全》、（原按《中國農書綜錄》作宋人輯，實誤）等書中，推測到了明朝才有秦、尉為門神的習俗[108]。」而鍾馗故事早在宋代就已經出現。無怪乎婁子匡說：「秦瓊、尉遲恭的嚇走群魔，豈不是鍾馗啖鬼的重版嗎[109]？」

鍾馗在門神信仰中又有不同的名稱。婁子匡說：「華南地區又說鍾馗是文門神[110]。」而「華北地區懸貼鍾馗

圖像，叫懸掛『神判』[111]」此外也有人稱它為「後門將軍[112]」，蓋早在清代便有人貼鍾馗於後門，《清嘉錄》云：「或朱紙書神荼鬱壘以代門丞，安于左右扉。或書鍾進士三字，斜貼後戶以卻鬼[113]。」鍾馗因為只有單身一人，不適合貼在兩扇門上，所以將它貼在後門。而後世便有戲曲說鍾馗是在後門自殺，所以才永鎮後門。這種情節無疑地是受了民俗的影響所致。

第五節　鬼

　　鬼是被鍾馗驅逐的對象，而鬼的形狀相貌以及行事，都隨著時代不斷在改變，種類也不斷在增加。而當被驅逐的對象改變，鍾馗若不隨著改變，就會被時代所淘汰，因為人們一定會去找新的神明來克制新的鬼怪。所以鍾馗故事也會隨著鬼的改變而有所變化，因此對於鬼的觀念的轉變也是影響鍾馗故事的一個重要因素。

　　首先當然要先瞭解古人對鬼的看法，但是由學者們的解釋來看，鬼實在沒有什麼可怕。如《說文》：「人所歸為鬼，從人，仿像鬼頭[114]。」《爾雅・釋訓》：「鬼之為言歸也[115]。」《禮記・祭義》：「子曰……眾生必死，死必歸土，此之謂鬼[116]。」《禮記・郊特牲》：「魂氣歸於天，形魄歸於地[117]。」似乎古人對鬼的觀念十分理性，鬼不過是歸於地下的死人罷了。但這只是就文字上的解釋而言，實際上由大儺的舉行就可以知道，古人並沒有那麼理性。

大儺的本義就是驅逐疫鬼，《論衡‧解除》即載：

> 解逐之法，緣古逐疫之禮也。昔顓頊氏有子三人，
> 生而皆亡。一居江水為瘧鬼，一居若水為魍魎，一
> 居毆隅之間，主疫病人。故歲終事畢，驅逐疫鬼，
> 因以送陳迎新內吉也[118]。

這裡所謂的逐疫之禮，應該就是指儺。鍾馗進入大
儺儀式之後，做的也是這方面的工作。然而疫鬼究竟是誰
呢？《後漢書‧禮儀志》中引《漢舊儀》：「顓頊氏有三
子，生而亡去為疫鬼。一居江水，是為虎；一居若水，
是為魍魎蜮鬼；一居人宮室區隅漚，善驚人小兒[119]。」此
處說明了疫鬼乃是顓頊之子，共有三人，分居於不同的地
方。而其中有一位居人宮室。

《搜神記》卷十六曰：「昔顓頊氏有三子，死而為疫
鬼。一居江水為瘧鬼，一居若水為魍魎鬼，一居人宮室，
善驚人小兒，為小鬼。於是正歲命方相氏，帥肆儺以驅疫
鬼[120]。」此處把居人宮室的鬼稱作「小鬼」，和夜鬧明皇
寢殿的小鬼正好同名，且又是疫鬼。故筆者以為，鍾馗在
故事中所吃的正是顓頊的這個兒子。

到唐朝，疫鬼還是顓頊的這三子。如《韓昌黎集》卷
二〈譴瘧鬼〉：

> 屑屑水帝魂，謝謝無餘輝。如何不肖子，尚奮瘧鬼
> 威。乘秋作寒熱，翁嫗所罵譏。求食漚泄閒，不知
> 臭穢非。醫師加百毒，熏灌無停機。灸師施艾炷，

酷若烈火圍。詛師毒口牙，舌作霹靂飛。符師弄刀
筆，丹墨交橫揮。咨汝之胄出，門戶何巍巍。祖軒
而父頊，未沫於前徽。不修其操行，賤薄似汝稀。
豈不忝厥祖，靦然不知歸[121]。

　　鍾馗在明皇寢殿所吃的，應該就是這個小鬼。因為
二者名稱相同，做的壞事也相同。後來小鬼有了名字叫
虛耗，乃是因應民俗所作的改變。如宋吳自牧《夢粱錄》
〈十二月條〉云：「其夜家家以燈照於臥床下，謂之『照
虛耗』[122]。」《東京夢華錄》〈十二月〉條云：「夜於床
底點燈，謂之『照虛耗』[123]。」又如《武林舊事》〈歲晚
節物〉條云：「又明燈床下，謂之『照虛耗』[124]。」之所
以幫鬼取名，乃是基於知其名便能破它的巫術思想。

　　六朝時也有一些故事，形容瘧鬼長得像小兒。如《錄
異傳》：「嘉興令吳士季者，曾患瘧，乘船經武昌廟過，
遂遣人辭謝，乞斷瘧鬼焉。既而去廟二十餘里，寢際，忽
夢塘上有一騎追之，意甚疾速。見士季（原注：御覽引作
夢見壇上有一人，乘馬追呼行太急，來至季船。），乃下
馬與一吏共入船。後縛一小兒將去。既而瘧疾遂愈[125]。」

　　又《錄異傳》：「宏老，吳興烏程人，患瘧經年不
差。宏後獨至田舍，瘧發，有數小兒或騎公腹，或扶公
手腳。公因陽瞑，忽起捉得一兒，遂化成黃鶬，餘者皆
走。公乃縛以還家。萁縣窗上，云明日當殺食之。比
曉，失鶬處。公瘧遂斷。于時人有得瘧者，但呼宏公，
便瘧斷[126]。」

除了外表像小兒之外，鍾馗故事中，小鬼著絳犢鼻，也是前有所承的。太平廣記卷三二五引祖沖之《述異記》：「王瑤，宋大明三年（宋孝武帝年號，三年乃公元四五九年）在都病亡。瑤亡後，有一鬼細長黑色，袒著犢鼻褌，恒來其家。或歌嘯，或學人語，常以糞穢投人食中。又於東鄰庾家犯觸人，不異王家時。庾語鬼：『以土石投我，了非所畏；若以錢見擲，此真見困。』鬼便以新錢數十，正擲庾額。庾復言：『新錢不能令痛，唯畏烏錢耳。』鬼以烏錢擲之，前後六七過，合得百餘錢。」據李劍國考證：「犢鼻褌，類似今之圍裙，自胸至腿蔽於前而反繫於後，形似牛鼻，故名。《史記·司馬相如列傳》：『相如身自著犢鼻褌，與保庸雜作，滌器於市中。』裴駰集解引韋昭曰：『今三尺布作，形如犢鼻也[127]。』」

然而當時的疫鬼並不只一種，早在漢代，便有「伯強」等疫鬼。如〈天問〉王注曰：「伯強，大厲疫鬼也，所至傷人[128]。」又如六朝時有黃父鬼，也是疫鬼的一種。《述異記》：

「黃州治下有黃父鬼，出則為祟，所著衣帢皆黃，至人家張口而笑，必得瘟疫，長短無定，隨籬高下，自不出已十餘年，土俗畏怖[129]。……。」這些應當是各地所產生的地方性鬼怪。

前代對於「吃鬼」，的觀念，起源也甚早。如任昉《述異記》：「南海小虞山中，有鬼母，能產天地（《說郛》卷二十作『天下』）鬼，一產十（《類說》《說郛》

作千）鬼，朝產之，暮食之。今蒼梧有鬼姑神是也，虎頭、龍足、蟒目、蛟眉[130]。」

又如《神異經・東南荒經》云：「東南方有人焉，周行天下，身長七丈，腹圍如其長。頭戴雞父魋頭，朱衣縞帶。以赤蛇繞額，尾合於頭。不飲不食。朝吞惡鬼三千，暮吞三百（說郛本有“但吞不咋”句）。此人以鬼為飯，以露為漿。名曰尺郭，一名食邪。道師云吞邪鬼，一名赤黃父，今世有黃父鬼[131]。」

這些神話雖然都有吃鬼的情節單元，但筆者以為，鍾馗之所以吃鬼，應該不是承襲這些神話，而是來自驅儺時對鬼怪的恐嚇言辭。如「汝不速去，後者為糧」，「抽卻筋，割卻唇」，也就是韓愈所說的「詛師毒口牙，舌作霹靂飛」。今日「南方的宗教儀式中有驅鬼咒，寧鄉縣的咒語為：『大路化為大南蛇，小路化為小南蛇。大南蛇吞百鬼，小南蛇吞五瘟。』『大龍吞百鬼，小龍吞五瘟，山中樹木化為散髮大將軍，專斬五瘟百鬼精。』苗族的咒語為：『真武祖師大將軍，頭是猛虎身是人。不吃人間茶和食，專吞邪鬼過光陰。一年四季游天下，專驅妖魔不正神。今日奉請齊來此，邪鬼看見走紛紛。吾奉太上老君，急急如律令敕[132]。』」而《中國鬼信仰》一書說：「除鍾馗吃鬼外，南方也還有別的吃鬼之神，殷元帥就是其中之一。湖南舊時的儺戲中就有殷元帥吃鬼的情節。殷元帥即殷郊。綠面勾白。凸眼獠牙，額生獨角，頭髮蓬亂，兩鬢插髮。傳說專吃鬼魅[133]。」相信其吃鬼能力也是在同樣的

情況下產生的。又舊時楚地房子多為「吞口」式，即大門口凹進去一些。並在門楣上畫饕餮，意為吃鬼[134]。也是同樣的情形，與上古的吃鬼神話無關。

由五瘟神開始，民間有了對五種鬼物的信仰[135]，而由於地方不同，各地對五鬼的稱呼也不盡相同。《神考》云：

> 今委巷荒墟，多建矮屋，繪版作五神像祀之，謂之「五聖」。《留青日札》云：「即五通神也，或謂明太祖定天下，封功臣，夢陣亡兵卒千萬請恤，太祖許以五人為伍，處處血食。乃命江南家立尺五小廟，俗稱為『五聖廟』。」依其說，則五聖即五通矣[136]。

可知五通不過是鬼的代稱罷了，在明代的《鍾馗全傳》小說中，便有一段鍾馗擊五通的故事。而在某些地方，五通已經變本加厲成為不得不奉祀的偶像了。如清史稿湯斌傳言：「蘇州城西上方山有五通神祠，幾數百年，遠近奔走如鶩。諺謂其山曰『肉山』，其下石湖為『酒海』。少婦病，巫輒言五通將取為婦，往往瘵死。斌收其偶像，木者焚之，土者沉之，並飭諸州縣有類此者悉毀之[137]。」丁山曰：「湯氏所禁毀的『五通神』，我認為是『禓五祀』的變相，也即是『五屬之祭，祭堯之五吏。』堯之五吏，從前江南一帶俚語訛為『五猖』，每逢疫癘或旱暵之年，常有迎神賽會之舉，那又是儺的變相了[138]。」

　　又如《越諺》（中卷・神祇類）云：「黃老相公（下注：瘟疫神）。五猖菩薩（下注：會稽東關市有廟，賽會頗盛）」。此書為光緒四年刊，題會稽扁舟子范寅，云：「所錄各諺以山會（即山陰、會稽兩縣）城鄉之語為斷。」又「安徽廣德、江蘇高淳、浙江紹興出五猖廟會[139]。」可見在某些地方，五通又可稱為五猖，其實都是指五個鬼。「其實五猖之盛何只江南一帶，北方亦有其蹤跡。清代李聲振《百戲竹枝詞》中有「鬧五鬼」，童子戴面具、繡帽，持花棒，五人相舞。俗稱：『繡帽童初花棒過，五方面具舞婆娑。覬然絕倒都如許，莫誚人間鬼臉多[140]。』」此處的五鬼已經不再那麼可怕了。

　　《中國民間諸神》有云：「其實五通信仰，非謂五神，乃妖鬼之類也。宋有『五通』、『九聖』，五、九皆非實數，泛指群妖鬼也[141]。」可知五通乃是各種妖鬼的代稱。鍾馗既然驅鬼，對於新出現的五通等五鬼自然不能放過。所以在明清兩代，五通信仰十分盛行，而當時也正是五鬼題材大量出現於鍾馗畫上的時候。在元朝的畫裡，鍾馗身邊的鬼都是一大群，但是到了明朝，便化約成五個鬼，這與五通的信仰必有關係。五通既然可以是任何妖鬼的代名詞，畫家在畫面上畫五鬼，也就等於畫了所有的鬼了。對畫家來說，這也是比較省事的作法。

　　五鬼在鍾馗圖畫中經常飾演胡鬧的腳色，這一點恐怕是文人所留下的影響。唐朝韓愈〈送窮文〉所謂「智窮」、「學窮」、「文窮」、「命窮」、「文窮」，並

曰：「凡此五鬼，為吾五患[142]。」文中已有戲謔意味。到了後代並且有「五鬼鬧判」的故事出現，清余樾《春在堂隨筆》卷七曰：「世間有《牙牌數》一書，言近而指遠，占之，亦時有巧合者。……惟其中有五鬼鬧判一語，不知所出。……今乃之出于《西洋記》第九十回，云：『靈曜府五鬼鬧判』。即其事也[143]。」

　　據魯迅《中國小說史略》第十八篇〈明之神魔小說（下）〉曰：「《三寶太監西洋記》……五鬼事記外夷與明戰後，國殤在冥中受讞，多獲惡報，遂大哄，縱擊判官。……『這五個鬼人多口多，亂吆亂喝，嚷作一馱，鬧作一塊。判官見他們來得凶，也沒奈何，只得站起來喝聲道：咄：甚麼人敢在這裡胡說！我有私，我這管筆可是容私的？五個鬼齊齊地走上前去，照手一搶，將筆奪將下來，說道：鐵筆無私，你這蜘蛛鬚兒扎的筆，牙齒縫裡都是私（絲），敢說得個不容私？……』（第九十回「靈曜府五鬼鬧判」）即為其事[144]。」鍾馗本有判子之稱，此處對判官形象的形容頗像鍾馗，而五鬼鬧判的情節在明雜劇《慶豐年五鬼鬧鍾馗》之後便十分流行。二者是否有傳承關係？不得而知。但是此處已有明顯地小鬼捉弄大鬼的情節。

　　殷登國對五鬼的來源有不同的見解，他曾提出一幅唐代繪畫，認為乃五鬼故事之本。明朝朱存理《鐵網珊瑚》有唐閻立本畫〈洪崖仙圖〉，蘇軾有書曰：「洪崖，不知何許人也。姓張名蘊字藏真。風神秀逸，志趣閑雅。仙書秘典，九經諸史，無所不通。開元中已千歲矣，蓋古之

高仙也。明皇仰其神異,累召不赴,多游終南泰華,或往青城王屋,與東羅二大師為侶。每述金丹華池之事,易形煉丹之術,人莫究其微妙焉。先生戴烏帽,衣紅蕉葛衫,烏犀帶,絚靮靴。僕五人,名狀各怪,曰:橘、朮、栗、葛、拙。有白驢曰雪精,日行千里。復有隨身之用,白藤笠、六角扇、木如意、節竹更、長盈壺、帚蒲杯,自然流酌。每跨驢,領僕游于市廛。酒酣,笑傲自若。明皇詔圖其像,庶幾朝夕得瞻觀之。」畫中的洪崖有僕五人,各有奇怪的名字,殷先生即認為它們是五鬼的來源。而洪崖繫角帶的穿著,及騎白驢的行為,和鍾馗移家的畫頗像。但是雖有這些雷同之處,不過二者不同的地方更多。故筆者以為,出遊的畫題可能曾流行過一時,鍾馗又很早就存在於圖畫上,這兩種畫題產生交流是有可能的。但卻不能因此而這這幅圖便是五鬼之所本。

　　此外佛經上對鬼也有極豐富的想像,如梁武帝天監十五年成書的《經律異相》,於〈鬼神部〉下,有「毗沙惡鬼,極為兇暴,殺民無量。」「是鬼所啖之人骨,滿怖溪谷[145]。」而獄中的獄卒,各有專稱和職司。如「刀解手獄鬼[146]」乃是以利刀斷人兩手。而「剝皮鬼[147]」,則是以利刀剝人之皮。這些地獄的名稱及受害的情景,在後世的《鍾馗全傳》這本小說裡,也都有類似的記載。這些新創造的鬼怪使得以斬鬼為業的鍾馗有了更多編故事的題材。

　　鬼的觀念還有一個最重要的轉變,在中國的語言使用上,多用鬼字來形容不好的人或事,如:

1. 酒鬼、賭鬼、色鬼、鴉片鬼、冒失鬼、吝嗇鬼：稱呼有不良習慣或嗜好的人。

2. 洋鬼子、日本鬼子：稱外國人。

3. 鬼計。陰險的計謀。

4. 鬼胎：陰險、暗藏的壞主意。

5. 鬼混：不務正業，糊塗過日子。

6. 鬼話：胡亂編造而不實在的話。

7. 鬼道：邪術。

8. 鬼蜮：暗中害人的人。

9. 鬼臉：醜陋或故作詼諧的面貌。

10.鬼貌：形容人的容貌醜陋。

11.鬼串：鬼鬼祟祟的把戲。

12.鬼戲：騙人的把戲。

13.鬼主意：陰毒奸巧的計策。

14.鬼門關：俗稱人逢險惡之境。

15.鬼畫符：譏笑書法的惡劣。

16.鬼聰明：不用於正當事物的聰明。

17.鬼鬼祟祟：比喻態度不光明。

18.鬼蜮伎倆：比喻陰險的害人本事。

19.鬼頭鬼腦：比喻舉動不大方。

20.鬼計多端：指工於心計。

以上僅略舉數例，若再加上各方言的辭彙，數量將更為驚人。中國語言的這種特徵，導致後世二本以鍾馗斬鬼為題材的諷刺小說誕生。

　　徐華龍認為：「鬼的形象越接近於人，那就說明這類鬼的產生時代越晚；反之，鬼的形象越接近於動物，那就說明那類鬼產生的時代越早[148]。」然而到了後代，鬼已經可以等同於現實世界中的惡人，而跳出超自然的靈魂或妖怪的形象了。

　　如：

> 《宋史‧王欽若傳》：「其後仁宗嘗謂輔臣曰：
> 『欽若久在政府，觀其所為，真奸邪也！』王曾對
> 曰：『欽若與丁謂、林特、陳彭年、劉承珪，時謂
> 之『五鬼』，奸邪險偽，誠如聖諭[149]。』」

　　可見隨著鬼的應用範圍不斷擴大，對鬼的解釋也愈來愈寬，只要是惡勢力，均可以用鬼來譬喻。這是一種修辭的方法，可是受到所有人的愛用。足見人們對惡人的憎恨和厭惡鬼的感覺是一樣的。

　　鍾馗的職責本是捉非人的精靈惡鬼，但是隨著鬼的意義不斷擴大，它的工作也愈來愈多。這些新加入的代表惡人的辭彙，也成為鍾馗驅除的目標。如《斬鬼傳》及《平鬼傳》中的「酒鬼」、「色鬼」、「糊塗鬼」等，根本就是借鬼寫人。而鍾馗所驅除的對象一旦由看不見摸不著的鬼，向外擴展至現實人生中常會遇到的惡勢力，它的故事就永遠編不完了。

第六節 鍾馗小妹與驅儺儀式

一、小妹的出現

在關於儺的討論中，曾提過民間驅儺在後代開始變質，朝向歡樂的方向演變。而且名稱也隨著逐除的呼聲而變為「野雲戲」、「打野狐」、「打夜胡」等。如《梁書》云：「儺謂之野雲[150]。」又《南史·曹景宗傳》，「嘗於臘月，使人在宅中作邪呼逐除[151]。」趙彥衛《雲麓漫鈔》亦云：「世俗歲將除，都人相率為儺，俚語謂之打野胡……亦呼為野雲戲[152]。」而《家雪亭土風錄》云：「裝鍾馗判官，即方相氏蒙熊皮，黃金四目，執戈揚盾以索室毆疫之遺意[153]。」也說明了後代的打夜胡就是前代的驅儺。

在驅儺儀式改變之時，驅儺隊伍也有變革。首先方相氏為胡公頭所取代，而隊中也加入了金剛力士等佛教神明。到了宋朝，更有道教的判官等神明的加入，此時小妹也加入了隊伍之中。而且由上段所引資料可知，參加民間驅儺的人，也由原先具有巫者身分，轉而為一般百姓。到了宋朝，民間驅儺更轉變為乞丐索錢的工具。吳自牧《夢梁錄》云：「自入此月，街市有貧丐者三五人為一隊，裝神鬼、判官、鍾馗、小妹等形，敲鑼擊鼓，沿門乞錢，俗呼為『打夜胡[154]』。」又《東京夢華錄》〈十二月〉條云：「自入此月，即有貧者三數人為一隊，裝婦人神鬼，敲鑼擊鼓，巡門乞錢，俗呼為『打夜胡』，亦驅祟之道也

[155]。」即是例證。

　　由《夢梁錄》等書可知，鍾馗小妹在宋朝就已經出現，而且是出現在驅儺隊伍裡，這是很奇怪的事。試看隊中的其它成員，不論是鍾馗或是判官力士，都可說是對鬼魂有嚇阻作用的神明。惟獨小妹，似乎沒有看過有這樣一位驅鬼的神明，而由其名稱看來，好像也沒有什麼法力。她為什麼會出現在這裡？更重要的是，從此以後，鍾馗便有了這個妹妹，以後的嫁妹情節也有了發展的基礎。

　　小妹既然出現在「打夜胡」這種民間驅儺的變象之中，以下就由這方面去求解。由於宋朝的記載太過簡略，故將觀察的界限放寬，以便求得更多資料。由顧錄《清嘉錄》可知，這種民間驅儺的儀式發展到後代，有所謂「跳鍾馗」和「跳灶王」之分。如〈十二月部・跳鍾馗條〉：

> 丐者衣壞甲冑，裝鍾馗，沿門跳舞以逐鬼，亦月朔始，屆除夕而止，謂之跳鍾馗[156]。
> 吳縣志十二月朔，亦有扮鍾馗者，至二十四日止。今俗則否。
> 褚人穫堅瓠集云：今吳中，以臘月一日行儺，至二十四日止。丐者為之，謂之跳灶王。崑新合志又謂之保平安。戶各捨米，升合不等。
> 吳曼云《江蘇節物詞小序》曰：「杭俗跳灶王，丐者至臘月下旬，塗粉末于面，跳踉街市，以索錢米。」
> 長元志載：十二月初一日，觀儺於市，二十四日止。
> 吳縣志：十二月朔，給孤園中人，扮灶王，二十四

日止[157]。

在清代，不論是跳鍾馗或是跳灶王，都是到二十四日為止。為什麼？鍾馗和二十四日並沒有關係，但是這一天卻是祭灶的日子。早在宋朝，《東京夢華錄・十二月條》即云：「二十四日交午，都人至夜請僧道看經，備酒果送神，燒合家替代錢紙，帖灶馬於灶上。以酒糟塗抹灶門，謂之『醉司令[158]』。」《清嘉錄》又有云：「謝灶：圖經：十二月二十四日，民間用白雞黑菽糖果祀灶神。江震舊志：臘月二十四日，祭灶神用葷品。蓋舊俗於二十四日，是日必祀灶，有若娛灶神。然後以一日不能遍，改而先期。今遂以月朔始矣[159]。」可見不論跳的是鍾馗或灶王，對民眾來說並沒有差別，只要儀式舉行過就好了，所以跳鍾馗才會和跳灶王同一時間結束。

此外，《清嘉錄》所謂「一日不能遍」，自然是指乞丐一天跳不完所有人家，收入不豐，故接連著跳許多天。而民眾對這種吉慶之事自也不排斥，所以就延長了。跳鍾馗和跳灶王之所以能夠結合，乃是因為二者根本是一件事。《清嘉錄》云：

> 周密武林舊事亦云：二十四日，市井迎儺。又
> 吳曼雲，江鄉節物詞小序云：杭俗跳灶王，丐者至
> 臘月下旬，塗粉墨于面，跳踉街市，以索錢米。詩
> 云：「借名司命作鄉儺，不醉其如屢舞傞。粉墨當
> 場供笑罵，只誇囊底得錢多[160]。」

　　由上段資料可知，跳灶王既然是丐者為之，也索錢米，也跳街市，也是鄉儺，舉行的時間又一樣。它不過是宋代跳鍾馗的另一種名稱，二者在本質上是相同的。

　　又灶王這個名稱會給人男性的感覺，但灶神的故事本身非常複雜。傳說中的灶神有好幾位，其中有一位就是女的。《莊子・達生篇》：「沈有履，灶有髻。」疏：「灶神，其狀如美女，著赤衣，名髻也。」又《史吉・孝武本記》索隱引司馬：「髻作浩」，云：「浩，灶神也，如美女，衣赤[161]。」今天陝北人家的灶君也是個穿紅褲，頭上有髻的女性神[162]。可說是十分古老的遺留了。又《清嘉錄》跳灶王條：

> 月朔，乞兒三五人為一隊，扮灶公灶婆，各執竹枝，噪於門庭以乞錢，至二十四日止。謂之跳灶王。周宗泰姑蘇竹枝詞云：「又是殘冬急景摧，街頭財馬店齊開。灶神人媚將人媚，畢竟錢從囊底來。」
> 李綽秦中歲時記，歲除日進儺，皆作鬼神狀。內二老兒，為儺公儺母。家雪亭土風錄謂即今之灶公灶婆。
> 蔡鐵翁詩：「索錢翁媼總成雙。」
> 惟江震志，並載二十四日，丐者塗抹變形，裝成女鬼判，嗷跳驅儺，索之刊物，俗呼跳灶王[163]。

　　鍾馗本有人稱它判子，此處的女鬼判可能就是小妹的遺留。不過重要的是，這些記載顯示民間的驅儺儀式中會有女性腳色加入，而且名字很多。可見她叫什麼名字，有

什麼法力，並不重要，反正這是過年討吉利的事，大家高興開心就好。又鍾馗小妹代表的是喜慶歡樂的意味，她存在於驅儺儀式中，是由於當時這種儀式已經變質了。跳鍾馗乃是過年時各家歡聚慶祝的事，此時主人們為了討個吉利，乞丐們跳完後均會賞給錢米。既然是有利可圖的事，男乞丐扮鍾馗，那麼女乞丐呢？只好扮個女人，隨便稱呼作小妹了。

　　仔細考察現存的秧歌，會發現它和宋朝的跳鍾馗及清代跳灶王有很深的關係，「據說，秧歌起源於春秋時代，原有迎神驅邪的意義，現在，卻演變成為一種吉慶活動。秧歌隊的轉院拜年，在陝北土話叫『沿門子』，意思是沿著一家一戶的門，一個個拜年[164]。」而「陝北傳統習俗，則把年輕男女組成秧歌隊，由年長者歌唱引隊，配合鑼鼓，踏歡快舞步到村鎮各地拜年。當秧歌隊伍來到村口，平常生活極簡僕的村民也會送上犒賞的禮物。秧歌隊收禮，必由鑼鼓隊擂鼓一通，如此大叫：『大洋十元！香煙一條！』以示炫耀和感謝[165]。」可見其與古代的跳鍾馗極為相似，加上「陝北秧歌的樂器主要是鼓、鑼、鈸、和嗩吶等[166]」，也和驅儺的樂器相同。可見它和跳鍾馗是相同性質的民俗活動。

　　而現代的秧歌隊中必有女子，扮相有拉花小妹，蠻婆等，都可稱為「包頭的[167]」，這和前舉跳鍾馗及跳灶王的情形相同。而增加女子的原因，只是為了吸引人罷了。這些不同的名稱如小妹、女鬼判、灶婆等，在過年時是

同時出現的。之所以會有這種情形，乃是因為隊伍不同
之故，而不是真有非叫作什麼名字不可的理由。宋代大城
市中的乞丐必定不止三五人，由現在的陝北習俗可知，秧
歌隊拜年經常是一隊過了又一隊，各隊為了和別人不同，
所以裝扮上也要有所變化[168]。故乞丐裝的女性腳色，有的
叫小妹，有的叫灶婆，不一而足。因為名字不重要，目的
是「錢」。所以在《東京夢華錄》中僅稱「貧者三數人為
一火，裝婦人神鬼」，這位婦人竟連名字都沒有了。到後
代，這種驅儺儀式甚至成為乞丐強迫勒索的手段。曲彥彬
引《開封耆舊傳拂塵老人談》云：「清末民初，一入臘月
至年三十，相國寺偕白之徒，結合雜八弟（江湖上下九流
之一支，包括扒手、誘子、騙子等）裝神鬼婦女，擊鼓吹
口哨，於每日晚在坐商閉門之際，沿門詐索，接近除夕尤
甚[169]。」所以曲先生說：

> 「打野胡」實與「打秋風」是一碼事。只不過，有
> 的地方是送財神，有的則是裝神弄鬼，實際上都是
> 變相借機乞錢的幌子，只罷名門差別而已[170]。

故筆者以為，鍾馗的小妹，乃是五代至宋的這段時
期，丐者跳踉街市，以索錢米時，所創造出來的女性腳
色。在她之前或許有別的傳承，但是這個名字本身並沒有
任何意義。

又如，跳鍾馗時男女都要把臉塗黑的習慣。《中國面
具文化》一書曾舉近代的裝乞丐驅鬼風俗云：「雲南西部

山區的白依人（屬彝族支系），每年正月跳祭祀舞蹈『蘇比阿里嚕』以前，要在村里攆鬼驅邪，時間一般選在臘月廿九至正月初二之間。負責驅鬼的為中年男女各一人，他們身披簑衣，腳裏棕匹，用鍋煙把臉抹黑，手持拐棍，身背竹籃，裝成叫花子，唱著『蘇比阿里嚕』的曲調，到村里挨家挨戶要飯。主人家等到他們來時，把事先準備好的肉和餌塊等串好的食物送給他們。並以酒肉款待之。再請他們跳『蘇比阿里嚕』以示逐邪之意。如此每家必到，若再缺漏，這家人定然不依[171]。」這裡也有女性，也把臉塗黑。在今天，把臉塗黑是為了裝乞丐。但在宋代，則可能是有方相氏或胡公頭等面具的意思。乞丐買不起面具，把臉塗黑是最簡單的辦法。

　　在宋末龔開的〈中山出遊圖〉，圖上鍾馗身後的小妹就是一張黑臉。歷來畫評家都不解其意，其實乞丐的臉自然不白了，而且塗黑一點還可以嚇鬼。而跳鍾馗及小妹時，人人一張黑臉，有如煙燻一般，從此也就有了跳灶王的胎息。

　　跳灶王與跳鍾馗是同一個淵源流傳下來的不同發展，兩者均是過年時的逐疫活動，可以說二者根本就是同一件事。宋朝的記載應該是他們共同的始祖，甚至還可上溯至唐朝的民間驅儺。而後代的跳灶王保存了宋朝活動歡樂的年節氣氛，成為愉快的過年儀式。但鍾馗卻由於本身腳色的限制，雖然曾經一度加入這個歡樂的隊伍裡，但還是不得不將位置讓給灶王，回到陰森恐怖的鬼界。這裡可以看

見文學對民俗的影響。由沈括記載的故事看來，鍾馗的身份在宋朝時已經確定為冤死的鬼，以它這種不祥的出身，自然不適合在新年討吉利時到人家裡大跳特跳。

「跳鍾馗」這個名稱在宋朝是有著歡樂的涵意的，但是在目前的臺灣地區，它只是一種驅鬼儀式的稱呼。二者雖然名稱相同，不過實際的內容卻不一樣，第六章將再詳述。

二、嫁妹

早期的小妹並沒有嫁人，後世是如何讓她出閣的呢？清俞樾《茶香室三鈔》卷二十曰：

> 明文震亨《長物志》云：「懸畫月令，十二月宜鍾馗迎福，驅魅嫁魅。」按此知世傳鍾馗嫁妹，乃嫁魅之訛。趙甌北《陔餘叢考》云，宗愨妹名鍾葵，後世因有鍾馗嫁妹圖，此說恐非[172]。

此說已遭胡萬川反駁[173]，故不再論。其實鬼魂嫁妹與凡人，並有眾多小鬼隨從的故事在六朝即有，《幽明錄》：「甄沖字叔讓，中山人，為雲社令，未至惠懷縣，忽有一人來通云，社郎須臾便至，年少，容貌美淨，既坐寒溫，云：『大人見使，貪慕高援，欲以妹與君婚，故來宣此意。』甄愕然曰：『僕長大，且已有家，何緣此理？』社郎復云：『僕妹年少，且令色少雙，必欲得佳對，云何見拒？』甄曰：『僕老翁，見有婦，豈容違越？』相與反覆數過，甄殊無動意。社郎有恚色云：『大

人當自來,恐不得違爾。』既去,便見兩岸上有人,著
幘,捉馬鞭,羅列相隨,行從甚多。社公尋至,鹵簿導從
如方伯,乘馬躧,青幢赤絡,覆車數乘;女郎乘四望車,
錦步帳數十張,婢十八人來車前,衣服文彩,所未嘗見。
便於甄旁邊案上張幔屋。舒薦席,社公下除膝几,坐白
旃坐褥,玉唾壺,以瑇瑁為手巾籠,捉白塵尾。女郎卻在
東岸,黃門白拂夾車立,婢子在前。社公引佐吏令前坐,
當六十人,命作樂,器悉如琉璃。社公謂甄曰:『僕有陋
女,情所鍾愛,以君體德令茂,貪結親援,兒子且大,雖
貪貴聘,不敢聞命。』社公復云:『僕女年始二十,姿色
淑令,四德克備,今在岸上,勿復為煩,但當成禮耳!』
甄拒之,轉苦,謂是邪魅,便拔刀橫膝上,以死拒之,不
復與語。社公大怒,便令呼三斑兩虎來,張口正赤,號呼
裂地,徑跳上,如此者數十次,相守至天明,無如之何,
便去。留一牽車。將從數十人,欲以迎甄。甄便移惠懷上
縣中住所。迎車及人至門,中有一人,著單衣幘,向之揖
於此,便住不得前。甄停十餘日方敢去,故見二人著幘捉
馬鞭隨至家,至家少日而婦病遂亡[174]。」

但筆者以為,鍾馗嫁妹的故事,當是由繪畫上逐漸
發展而來。在早期,畫上的鍾馗僅是孤身一人,如前所述
的五代作品。但後來漸漸加上其它人物。如五代南唐顧閎
中的〈鍾馗出獵圖〉,畫上的鍾馗騎驢仗劍,前後的小鬼
手上肩上各有許多東西。至宋末龔開的〈鍾進士移居圖〉
及〈中山出遊圖〉,畫上開始有了小妹跟隨,而且有許

多小鬼前呼後擁，或肩或擔。不過只是出遊或移家，並未嫁妹。但是由畫面上的鍾馗前導，小妹後隨，這許多小鬼擔著日用器具，很容易便聯想到婚娶之事。元代即有王振鵬的〈鍾馗送嫁圖〉，之後嫁妹的圖畫便不斷出現，但是嫁妹的故事一直沒有看到。直到張大復的《天下樂》一劇出，才使這個故事廣為流傳。這種新的繪畫題材導致新故事出現的情形，是鍾馗故事發展的一大特徵，下章將有專節論述。

第七節　其它

　　鍾馗尚與其它信仰有關，據筆者所知，也有人將它當作「魁星」及「五月花神」。

一、魁星

　　在E.T.C. Werner所編著的《中國神話辭典》（A DICTIONARY OF MYTHOLOGY）書中，於「文昌」（WEN CHANG）條下，著錄了一個與眾不同的鍾馗故事。試譯如下：

　　有一位名叫鍾馗的學者，他通過了首都的初試，按照慣例要去晉見皇上，並且接受皇上頒贈給初試合格者的金花。然而，皇帝卻以一種很嫌惡的態度拒絕頒給他。鍾馗在失望之餘，便投海自盡。正當他往海裡沉的時候，一隻水裡的怪獸（鼇），把他馱在背上浮到水面，並且升至天堂。他成為了文人命運的裁決者，他的住所被稱為奎星。

學者們很快地便把＂奎＂當作文學之神來崇拜和獻祭[175]。

　　奎星的故事本來就不止一個，但是這個鍾馗故事卻正好和其中一個相似。《中國神仙傳》魁星條有云：「魁星爺生前雖然滿腹學問，可惜每考必敗，遂悲憤投河自盡。不料被鰲魚救起，升天而成魁星[176]。」殷登國《中國神的故事》在敘述魁星爺的來源時曾云：「也有另一種截然不同的傳說，認為魁星爺生前雖然滿腹學問，可惜每考必敗，遂悲憤投河自盡，不料卻被鰲魚救起，昇天而成魁星[177]。」這些可能都是同一個故事的不同演變。

　　此外，鍾馗的「馗」字，與「魁」和「奎」字音相同。因此有學者認為，鍾馗即是由魁星轉變而來。近人毛一波〈補記二郎神三官和鍾馗〉引蘇雪林女士的說法云：「元代畫家顏輝所作鍾馗出獵圖，其狀頭生雙角，猙獰如惡鬼、赤身、一腳後翹、持一鋼叉，此當是原始鍾馗像，執叉正為海神或死神特徵，一腳翹，正似魁星。今陝西過年時，門上每懸鍾馗像，手持一筆（伏羲像手中亦持一筆）則正為筆神之證。因此，筆者主張魁星實係奎宿，所謂夔也，終葵也，鍾葵也，鍾馗也，不過皆由聲音相近而衍變其字形而已[178]。」對於蘇女士所引的鍾馗圖，筆者無緣得見。但手持一筆卻不一定是筆神之意，由之前對門神的討論可知，門神畫上經常有外加的事物，取其諧音。在以後的討論中將會提到一幅明代的鍾馗年畫，畫上不但有筆，還有壽桃。加上傳說鍾馗是終南山人，所以畫面乃是「壽比（筆）南山」之意。但據說潮州的鍾馗手中也拿雙

叉[179]。則又不知是從何而來。

這些關於奎星與鍾馗的說法，筆者以為並沒有所謂對錯可言。畢竟中國土地廣大，各地都有可能發展自己的一些信仰。尤其鍾馗出現的歷史也很長遠，在各地流傳時因為同音而被附會的可能性不是沒有。所以只要有人相信，就可以說是對的。

二、花神

鍾馗又是五月花神，如「晚清畫家吳友如筆下五月石榴花花神是鬼王鍾馗[180]」關於花神，也是有不同的講法。如此處所舉的說法，乃是認為每月各有一位花神。可是在《鏡花緣》一書中，花神卻多至百位。不過花神似乎並不大受百姓重視，所以留傳下來的資料不豐。這也許是它們的職司和人民的生活沒有什麼利害關係，所以就可有可無了。

至於鍾馗成為五月花神的原因，王孝廉認為：「鍾馗成為五月石榴花神的原因，應該是由於古代炎熱的五月是石榴花開的時候，也是疾病最容易流行的時候。人們在端午節前後灑硫磺驅毒或懸艾草辟邪都是由於這種五月瘟疫容易流行的緣故，而在思想上和民間信仰上，他們認為瘟疫是惡鬼邪神帶給人間的，由此而產生了鬼王鍾馗的傳說。今天民間畫上的鍾馗耳邊插著一朵豔紅的石榴花，以火樣性格的鍾馗來做火樣的石榴花神，也是古代民眾的詩意想像[181]。」

又如宋代《西湖老人繁盛錄》〈端午節〉條云：「初一日，城內外家家供養，都插菖蒲、石榴、蜀葵花，梔子花之類，一早賣一萬貫花錢不啻。」「雖小家無花瓶者，用小罈也插一瓶花供養，蓋鄉土風俗如此。尋常無花供養，卻不相笑，惟重午不可無花供養[182]。」而《武林舊事》〈端午條〉也有端午節須插花的記載，且云：「雖貧者亦然[183]。」：古人對端午節插花如此重視，鍾馗又在此時懸掛，二者的關係如此接近，自然而然便有附會的機會。

鍾馗由於驅疫的能力而進入五月，再由五月的關係而成為石榴花神。這個推論，應該就是真正的答案了。不過另有一種說法，認為由於鍾馗觸死殿階，其額前洴出的血花有如火紅的石榴花，故以鍾馗為石榴花神。此說也很有道理，故錄於此，以存其異說。

三、鍾馗醉酒

鍾馗醉酒的題材在繪畫上很常見，一般人對鍾馗的這種形象也司空見慣。但是無論是在沈括，或高承、陳耀文等人的故事裡，都沒有鍾馗喝酒的情節，更不用說會醉了。到底這個情節是從何而來？

考察掛鍾馗畫的節日，均是難得可以痛飲一番的日子。如端午節時，《清嘉錄・端五條》有記：

　　五日俗稱端五，瓶供蜀葵石榴蒲蓬等物，婦女簪艾葉榴花，號為端午景。人家各有宴會慶賞，端陽藥市酒

肆，饋遺主顧，則各以其所有雄黃芷朮酒糟等品。百
工亦各報所業，群入酒肆閧飲，名曰白賞節[184]。

而過年的時候更不必說了，《清嘉錄·年節酒條》：

> 元旦後，戚若友，遞相邀飲，至十五日而止，俗
> 稱年節酒。范來宗留客詩云：「登門即去偶登堂，
> 或是知心或遠方。柏酒初開排日飲，辛盤速出隔日
> 藏。老饕屢飫情忘倦，大戶流連態怕狂。沿習鄉風
> 最真率，五候鯖遜一鍋香。」又蔡雲〈吳歈〉云：
> 「大年朝過小年朝，春酒春盤互見招[185]。」

這種新年飲酒的風俗早在唐代即有，宋僧道世《法苑
珠林》：「唐長安風俗，每至元旦已後，遞飲酒相邀迎，
號傳坐酒[186]。」又危致明岳陽風土記：「岳州自元日獻
歲，鄰里宴飲相慶，至十二日始罷。號曰傳坐酒[187]。」吳
穀人祭酒新年雜詠小序云：「新年家設酒餚延客，三五行
即辭出，亦有盡醉而歸者[188]。」

《清嘉錄·蒲劍蓬鞭條》引吳曼雲〈江鄉節物詞小
序〉云：「蒲劍，截蒲為之，利以殺鬼。醉舞婆娑，老魅
亦當退避[189]。」則已經將端午、醉、舞、劍、殺鬼等在鍾
馗身上可以找到的事物連結在一起。這些記載，說明了在
掛鍾馗畫的同時，也有另一個習俗在進行，那就是飲酒。
二者在時間上十分巧合地遭遇，使得在繪畫上本來就不大
受尊重的鍾馗有了發展新題材的機會。

它對鍾馗故事最直接的影響首先是在圖畫上，畫上的

醉鍾馗圖早在宋代就有，故有詩云：「一夢荒唐事有無，吳生粉本幾臨摹。紛紛畫手出新樣，又道先生是酒徒。午日家家蒲酒香，終南進士亦壺觴。太平時節無妖厲，任爾閒遊到醉鄉[190]。」說明了鍾馗醉酒不但和節日的習慣有關係，它還是畫家所創造出來的新題材。

歷代畫家在鍾馗身上作了許多大膽的嘗試，創造了許多新的題材。醉鍾馗就是其中之一。然而那些新的題材有的被接受，有的被遺忘。可是鍾馗醉酒這個題材卻很受歡迎。相同的畫題一畫再畫，甚至還傳到日本去。這個畫題的受到歡迎，也使鍾馗的醉酒形象隨著圖畫的流傳而有了廣為宣傳的機會。久而久之，人們也就接受這個形象而不覺得奇怪。在後代的鍾馗故事中，也就不能忽略這個廣為人知的形象，而必須將它寫入故事裡。在《斬鬼傳》中，作者就將醉酒與五鬼鬧判的情節互相結合，寫鍾馗被眾小鬼灌醉，再遭其戲弄，讀來也覺得合情合理。由此可知，鍾馗的故事發展受到繪畫的影響甚大。

第八節　小結

鍾馗原本就是驅儺隊伍中的一份子，而驅儺即是在驅鬼，又驅儺時念的咒文已經有「鬼吃鬼」、「鬼捉鬼」等情節單元出現。這些都影響了後出的鍾馗故事。

又在早期的記載中，鍾馗多作舞形。而且當它跳完舞後，皇帝的病就好了，這點和巫者鼓舞事神以治病的行為相同。而且鍾馗故事中「亡魂自報姓名及來意」也是巫者

迎神作法時的動作，所以鍾馗也有巫者的影子。

此外鍾馗故事中「不正常的死亡」一節，乃是瘟神信仰的共通點。而民眾為它想的死亡理由，卻使得鍾馗進入了文人世界，並且使它逐漸發展成為一個有志不得伸的文人形象。

鍾馗進入門神行列，是它可以普遍流行的重要原因。但是門神之不被敬重的特質也影響了它，使鍾馗無法再往上提昇，達不到關公媽祖等人的地位。可以說它成為門神這件事，乃是後代民眾之所以輕視它的原因。而門神在後代有吉祥的畫面出現，不再是單純的驅鬼鎮邪，這也使鍾馗畫上出現了許多較為討喜的形象，使它的性格更加豐富。

鬼的種類及含意不斷增加，使得以捉鬼為業的鍾馗可以一直創造新的故事。如上凡間來斬以某某鬼稱之的惡人便是一例。

又鍾馗小妹，乃是過年時民間的乞丐沿門乞錢所用的某一個名稱，名字本身並沒有什麼含意。而嫁妹則是由畫家所創的題材，後來才有人以嫁妹為主題來編寫劇本。

關於鍾馗究竟是不是魁星或花神，筆者以為既然有此一說，就表示有人相信。畢竟前舉的任何一種信仰，都同時存在著不同的解釋及故事。這也是研究民間信仰最麻煩的一點，各地區由於生活環境不同，所受的信仰影響不同，種族不同，本地的習慣不同等等，再加上時間的累積，往往會有不同的信仰形態出現。鄭志明曾云：

　　民間應該是一種區域性的概念，不同的地區有其不
　　同的信仰形態，雖然整合了各地區的民間信仰可以
　　形成了中國的民間信仰，問題是這種整合的中國民
　　間信仰是否真實的存在過[191]？

　　所以本章的一些推論，將無法避免地會遺漏了一些特
殊的時地，但為了求得一個結論，這也是必須的。

　　至於鍾馗醉酒的故事，則和嫁妹一樣，又是畫家創的
新題材。鍾馗之所以能夠在今天有如此眾多的面貌，「紛
紛畫手出新樣」是一個重要原因，下一章將繼續探討這個
問題。

附註：

1.　張紫晨：〈中國儺文化的流布與變異〉，《北京師範大學學報
　　（社會科學）》，（一九九一年第二期），頁二〇。

2.　許慎撰，段玉裁注：《說文解字注》（臺北：黎明文化事業股份
　　有限公司，民國七十八年九月增訂四版），頁三七二。

3.　同上註。

4.　同上註，頁一五二。

5.　庹修明：《儺戲‧儺文化》（中國華僑出版公司，一九九〇年六
　　月第一版），頁十六。

6.　《說文解字注》，前引書，頁四四〇。

7.　同上註。

8.　朱駿聲：《說文通訓定聲》（臺北：藝文印書館，民國六十四八
　　月三版），頁七二九。

9.　同註五。

10.　《周禮》，前引書，頁四七五。

11.　方苞曰：「玄衣朱裳，執戈揚盾以驅疫可也。而蒙熊皮，黃金四

目，則怪誕可駭。蓋王莽好厭勝，如遣使負礬執幢與令武士入高廟拔劍四面提擊，正與此相類。故劉歆增竄此文以示聖人之法故如是，其多怪變耳。削去則職中辭氣相承，完善無疵。」引自秦蕙田：《五禮通考》卷五十七。（臺北：新興書局，民國五十九年七月第一版），頁三三一二~三三一三。

12. 同註十，頁三八二。

13. 同註十，頁四○○。

14. 同註十一，頁三三一四。

15. 《禮記》（臺北：藝文印書館，十三經注疏本，民國七十四年十二月十版），頁三○五。

16. 同上註，頁三二六。

17. 同上註，頁三四七。

18. 《後漢書‧禮儀志》（北京：中華書局，一九六五年五月第一版），頁三一二八○。

19. 張衡：〈東京賦〉，《文選》（臺北：華正書局，民國七十六年九月），頁六三。

20. 《北史》，前引書，頁七二。

21. 《隋書‧禮儀志》（北京：中華書局，一九七三年八月第一版），頁一六九。

22. 同上註。

23. 《新唐書‧禮樂志》（北京：中華書局，一九七五年二月第一版），頁三九二~三九三。

24. 段安節：《樂府雜錄》（臺北：鼎文書局，歷代詩史長編二輯，民國六十三年二月初版），頁四三~四四。

25. 王建：〈宮詞一百首〉，《全唐詩》（北京：中華書局，一九六○年四月第一版），頁三四四五。

26. 歐陽予倩主編：《中國舞蹈史二編兩種》（臺北：蘭亭書屋，民國七十四年十月十五日初版），頁二五○。

27. 孟元老：《東京夢華錄》（臺北：大立出版社，東京夢華錄外四種，民國六十九年出版），頁六二。

28. 吳自牧：《夢梁錄》（臺北：大立出版社，東京夢華錄外四種，民國六十九年出版），頁一八一~一八二。

29. 劉若愚：《酌中志》（臺北：偉文圖書出版社，民國六十五年九月），頁三二〇。

30. 丁山：《中國古代宗教與神話考》（上海：上海文藝出版社，影印本一九八八年三月），頁二五四。

31. 《論語》（臺北：藝文印書館，十三經注疏本，民國七十四年十二月十版），頁九十。

32. 《南史》（北京：中華書局，一九七五年六月第一版），頁一三五七。

33. 《梁書》（北京：中華書局，一九七三年五月第一版），頁一八一。

34. 楊彥齡：《楊公筆錄》（臺北：新文豐出版公司，叢書集成新編第八十六冊），頁五三七。

35. 趙彥衛：《雲麓漫鈔》（臺北：新興書局，筆記小說大觀正編，民國六十二年四月），頁九六七。

36. 羅隱：《讒書》卷三（臺北：新文豐出版公司，叢書集成新編第二十一冊），頁一六八。

37. 周密：《武林舊事》（臺北：大立出版社，東京夢華錄外四種，民國六十九年出版），頁三八四。

38. 吳自牧，前引書，頁一八一。

39. 張紫晨，前引文，頁二〇。

40. 《說文解字注》，前引書，頁二〇三。

41. 《晉書‧夏統傳》（北京：中華書局，一九七四年十一月第一版），頁二四二八。

42. 王維：〈魚山神女祠歌‧送神〉，《全唐詩》（北京：中華書局，一九六〇年四月第一版），頁一二六三~一二六四。

43. 林富士：《漢代的巫者》（臺北縣板橋市：稻鄉出版社，民國七十七年四月出版），頁六三。

44. 《儀禮‧士喪禮》鄭玄注，（臺北：藝文印書館，十三經注疏本），頁四三六。

45. 《公羊傳‧隱公四年》何休解詁，（臺北：藝文印書館，十三經注疏本），頁三十。

46. 王符：《潛夫論‧浮侈篇》（臺北：大立出版社，民國七十三年

元月出版），頁一二四。

47. 《陳書》（北京：中華書局，一九七二年三月第一版），頁一三一。

48. 李肇：《國史補》（臺北：新興書局，筆記小說大觀正編，民國六十二年四月），頁八一。

49. 見曾敏行：《獨醒雜志》（臺北：新興書局，筆記小說大觀正編，民國六十二年四月出版），頁二二六。

50. 同上註，頁二二七。

51. 周策縱：《古巫醫與「六詩」考》（臺北：聯經出版事業公司，民國七十五年三月初版），頁七八。

52. 同上註，頁七五。

53. 《說文解字注》，前引書，頁十九。

54. 同上註，頁七八。

55. 同上註，頁七四~七五。

56. 《圖畫見聞誌》卷二五代項下記載：「梁賦馬都尉趙嵒善畫人馬，挺然高格，非眾人所及。有漢畫西域傳骨貴馬小兒戲舞鍾馗，彈棋診詠等圖傳於世。」同在五代項下有「僧智蘊」條，云：「河南人，工畫佛像人物，學曹濮體，雒中天宮寺講堂有毘盧像，廣愛寺有定光佛，福先寺有三災變相數壁。周祖時，進舞鍾馗圖，賜紫衣。」由以上二圖可知，當時的畫家在繪製鍾馗圖時，均作舞蹈之形。而以〈舞鍾馗圖〉呈獻給皇帝，還可以有賞賜，可見五代時對鍾馗信仰之熱衷。

57. 《全唐詩》，前引書，頁四四三三。

58. 同上註，頁三三七七。

59. 殷亞昭：《中國古舞與民舞研究》（臺北：貫雅文化事業有限公司，民國八十年五月），頁二五一~二五二。

60. 同上註，頁二五二。「花香鼓」唱詞中有「唐皇許下三條願」，說是因唐皇娘娘有病，請神治病。舞過「花香鼓」後娘娘病愈，遂還願：建廟、立祠、封此神為娘娘神。故而，「花香鼓」又叫「跳娘娘」或「鼓兒娘娘」。這個解釋性神話也和唐皇有關。

61. 弗雷澤著，汪培基譯：《金枝》（臺北：久大文化，桂冠圖書聯合出版，一九九一年二月初版），頁六六。

62. 歐陽予倩，前引書，頁二八。

63. 同上註。

64. 魯迅：《古小說鉤沉》，不著出版年月，頁二四二。

65. 同上註，頁二八五。

66. 同上註，頁四〇五。

67. 同上註，頁四二二。

68. 同上註，頁一五六。

69. 《繪圖三教源流搜神大全》（臺北：聯經出版事業公司，民國六十九年八月第二次印行），頁三四六。

70. 《歷代神仙通鑑》（臺北：學生書局，中國民間信仰資料彙編第一輯，民國七十八年十一月景印初版），頁四五五~四五六。

71. 《事物紀原》，前引書，頁三四二。

72. 呂宗力、鑾保群編：《中國民間諸神》（臺北，學生書局，民國八十年十月初版），頁五六七。

73. 如《新唐書·禮樂志》云：「至於三代禮樂，具其名物而藏於有司，時出而用之郊廟、朝廷。……自漢以來，史官所記事物名數、降登揖讓、拜俯伏興之節，皆有司之事爾，所謂禮之末節也。然用之郊廟、朝廷，自撯神、大夫從事其間者，皆莫能曉習，而天下之人至於老死未嘗見也。」見《新唐書》，前引書，頁三〇八。

74. 胡萬川，前引書，頁七一。

75. 李豐楙，前引文，頁三七三。

76. 劉枝萬：〈臺灣之瘟神信仰〉，前引書，頁二三二。

77. 李豐楙：〈行瘟與送瘟─道教與民眾瘟疫觀的交流和分歧〉，《民間信仰與中國文化國際研討會論文集》（中央圖書館，民國八十三年四月），頁三七七。

78. 見黃文博：《瘟神傳奇：曾文溪流域王船祭巡禮》（臺南縣新營市：臺南縣市文化中心，民國八十一年出版）

79. 徐華龍：《中國鬼文化》（上海：上海文藝出版社，一九九一年九月第一版），頁六。

80. 同上註，頁十四。

81. 陳夢雷編：《古今圖書集成·職方典》（臺北：鼎文書局，民國

六十六年四月五日初版），頁一〇七七七。

82. 高啟智：〈門神與春聯〉《民間知識》（民國六十六年二月號）

83. 殷亞昭，前引書，頁二四三。

84. 轉引自李豐楙，前引文，頁四〇六。該故事原文載於福建《馬巷池王宮簡介》手寫本。

85. 李豐楙，前引文。對此有詳細論述。

86. 劉枝萬，前引文，頁二三四。

87. 李時珍：《本草網目》（臺北：文化圖書公司，民國八十一年二月五日出版），頁一二四九~一二五〇。

88. 同上註，頁一二四九。

89. 范寅：《越諺》（光緒壬年仲夏刊，北京大學民俗叢書七十二）

90. 《繪圖三教源流搜神大全》卷四：「昔隋文帝開皇十一年六月內，有六力士現於凌空三五丈，于身披五色袍，各執一物。一人執杓子并罐子，一人執皮袋并劍，一人執扇，一人執錘，一人執火壺。帝問太史居仁曰：『此何神？主何災福也？』張居仁奏曰：『此是五方力士，在天上為五鬼，在地為五瘟，名為五瘟：春瘟張元伯、夏瘟劉元達、秋瘟趙公明、冬瘟鍾士貴、總管中瘟史文業，如現之者，主國民有瘟疫之疾，此為天行時病也。』帝曰：『何以治之而得免矣？』張居仁曰：『此行病者，乃天之降疾，無法而治之。』於是其年國人病死者眾。於是帝乃立祠，于六月二十七日詔封五方力士為將軍。青袍力士封為顯聖將軍，紅袍力士封為顯應將軍，白袍力士封為感應將軍，黑袍力士封為感成將軍，黃袍力士封為感威將軍。隋、唐皆用五月五日祭之。後匡阜真人游至此祠，即收五瘟神為部將也。」前引書，頁一五七。

91. 黃石：《端午禮俗史》，北大民俗叢書一〇二，頁二三〇。

92. 《論衡集解》（臺北：世界書局，民國六十五年四月三版），頁四五二。

93. 同上註，頁三三〇。

94. 《文選》，前引書，頁四〇七。

95. 周到等：《河南漢代畫像磚》（臺北：丹青圖書有限公司，民國七十五年臺一版），頁一〇九。

96. 劉城淮：《中國上古神話》，（上海：上海文藝出版社，一九八八年十月第一版），頁四六三。

97. 《禮記》，前引書，頁二四二。

98. 同上註，頁八〇一～八〇二。

99. 蘇軾語，王世貞編：《調謔編》，《中國笑話書》（臺北：世界書局，民國七十三年九月七版），頁五九。

100.王樹村：《中國民間年畫史論集》（天津：楊柳青畫社，一九九一年十月第一版），頁一一三。

101.《奇冤報總講》（廣東：中山大學出版社，車王府曲本箐華宋卷，一九九一年八月第一版），頁四三四。

102.富察敦崇：《燕京歲時記》（臺北：木鐸出版社，民國七十一年八月初版），頁九六。

103.臧懋循輯：〈玎玎璫璫盆兒鬼雜劇〉，《元曲選》（臺北：中華書局，民國七十二年十二月臺四版）。

104.王樹村：〈關於民間年畫〉，《中國民間年畫史論集》，前引書，頁一六五。

105.《集說詮真》（臺北：學生書局，民國七十八年十一月景印初版），頁五八八～五八九。

106.《繪圖三教洲流搜神大全》，前引書，頁三四八。

107.同註一〇二。

108.吳哲夫：〈中國年畫中的門神〉，《國立歷史博物館館刊》第四卷第四期。

109.婁子匡：《歲時叢話》（北大民俗叢書一〇三），頁一四二。

110.同上註，頁一四二。

111.同上註，頁一四一。

112.王兆祥等：《中國神仙傳》（山西：山西人民出版社：一九九二年四月第一版），頁五三九。

113.顧祿：《清嘉錄》（北京大學民俗叢書一二八），頁十二。

114.《說文解字注》，前引書，頁四三九。

115.《爾雅》，前引書，頁六一。

116.《禮記》，前引書，頁八一三。

117.同上註，頁五〇七。

118. 《論衡》，前引書，頁五〇四。

119. 《後漢書》，前引書，頁三一二八。

120. 干寶：《搜神記》（臺北：新興書局，筆記小說大觀四編，民國六十三年七月），頁九四一。

121. 《韓昌黎全集》（臺北：中華書局，四部備要本，民國五十五年三月臺一版），卷七頁九。

122. 吳自牧，前引書，頁一八一。

123. 孟元老，前引書，頁六一。

124. 周密，前引書，頁三八四。

125. 《古小說鉤沉》，前引書，頁四一六。

126. 同上註。

127. 李劍國：《唐前志怪小說輯釋》，（臺北：文史哲出版社，民國七十六年七月再版），頁五四二。

128. 《王逸注楚詞》（臺北：黎明文化事業股份有限公司，民國六十二年九月），頁五〇。

129. 《古小說鉤沉》，前引書，頁一八三。

130. 李劍國，前引書，頁五四九。

131. 王國良：《神異經研究》（臺北：文史哲出版社，民國七十四年三月初版），頁五六。

132. 張勁松：《中國鬼信仰》（北京：中國華僑出版公司，一九九一年十一月第一版），頁一四二。

133. 同上註。

134. 同上註。

135. 見李豐楙，前引文。

136. 《神考》（臺北：學生書局，中國民間信仰資料彙編第一輯，民國七十八年十一月景印初版），頁三二。

137. 國史館：《清史稿校註·湯彬傳》（新店市：國史館，民國七十八年二月），頁八五六六。

138. 同註三十。

139. 「據說安徽廣德、江蘇高淳、浙江紹興出五猖廟會，神位中皆有太祖皇帝之號，足見五猖和明太祖的提倡有關。江蘇高淳的五猖會十分繁盛，每年歲終祠山大帝八抬八托，吹吹打打出神會，五

猙尾隨其後，每到一村舞一場。老藝人介紹高淳五猙始於五代而
盛於明代，……清、葉夢珠《閱世編》卷三稱：「五方聖賢神，
不知始於何代，亦不悉其民族爵里。或云通稱福德五聖，故上界
貴神，明懰陣亡戰士，因五人為伍之義，俾得廟食一方……。惟
大江以南，廟貌最盛。……祭禱迎賽，殆無虛日，而惟蘇州之上
方山為尤甚。」見殷亞昭，前引書，頁二五七~二六〇。

140.同上註，頁二六〇。

141.《中國民間諸神》，前引書，頁七五五。

142.姚鼐輯，王文濡評注：《古文辭類纂》（臺北：華正書局，民國
七十七年八月初版），頁一七八三~一七八六。

143.俞樾：《春在堂隨筆》（臺北：中國文獻出版社，春在堂全書，
民國五十七年九月初版），頁三六一二。

144.魯迅：《中國小說史略》（臺北：谷風出版社，民國七十八年十
二月臺一版），頁一七六~一七八。

145.《經律異相》（臺北：佛陀教育基金會，民國七十七年十月初
版），頁四一三。

146.同上註，頁四六〇。

147.同上註，頁四五九。

148.徐華龍：《中國鬼文化》，（上海：上海文藝出版社，一九九一
年第一版），頁十三。

149.《宋史·王欽若傳》（北京：中華書局標點本，一九八五年六月
新一版），頁九五六四。

150.《梁書》，前引文。

151.《南史》，前引文。

152.趙彥衛，前引書，頁九六七。

153.顧祿，前引書，卷十二頁二。

154.吳自牧，前引書，頁一八一。

155.孟元老，前引書，頁六一~六二。

156.同上註。

157.顧祿，前引書，卷十二頁二。

158.孟元老，前引書，頁六一。

159.顧祿，前引書，卷六頁二。

160. 同上註，卷十二頁二。

161. 郭慶藩集釋：《莊子集釋》（臺北：貫雅文化，民國八十年九月初版），頁六五二。

162. 〈陝北年俗〉，《漢聲雜誌》（臺北：漢聲雜誌社，民國七十九年元月號），頁七八。

163. 顧錄，前引書，卷十二頁一。

164. 〈陝北年俗〉，前引文，頁七九。

165. 同上註，頁三五。

166. 同上註。

167. 張喜臻：〈略談「儺」「打野胡」與秧歌的關係〉，《民間文學論壇》，一九八六年第二期，頁七六。

168. 〈陝北年俗〉，前引文，頁三五。

169. 曲彥彬：《中國乞丐縱橫談》（臺北縣中和市：雲龍出版社，一九九一年臺一版），頁二〇六。

170. 同上註，頁二〇七。

171. 郭淨：《中國面具文化》（上海：上海人民出版社，一九九二年二月第一版），頁六一。

172. 俞樾：《茶香室三鈔》（臺北：中國文獻出版社，春在堂全書，民國五十七年九月初版），頁四七七九。

173. 見胡萬川：〈鍾馗問題〉《中國古典小說研究專集五》（臺北：聯經出版事業公司，民國七十一年十一月初版），頁十六~十九。

174. 《古小說鉤沉》，前引書，頁二九七~二九八。

175. 原文如下：

A scholar, Chung K' uei 鍾馗 by name, having been admitted as first academician at the metropolitan examination, presented himself according to custom to the Emperor to receive the rose of gold bestowed on the successful candidate. He was, however, of such repulsive mien that the Emperor refused the reward, and Chung K'uei鍾馗（原文作旭）in despair went and threw himself into the sea. Just as he was drowing, however, a sea-monster （an ao 鼇 or "Kraken"）raised him on his back to the surface, and ascending to Heaven he became arbiter of the destinies of men of letters. His abode was said to be the star K'uei奎（the stellar "mansion" of Andromneda and Pisces）. Scholars soon bagan to worship and sacrifice to K'uei奎as the god of literature. E.T.C. Werner "A Dictionary Of Chinese Mythology "The Julian Press, Ine. New York 1961. p555-556.

176.《中國神仙傳》，前引書，頁三三九。

177.殷登國：《中國神的故事》（臺北：世界文物出版社，民國七十三年十月初版），頁一二八。

178.毛一波：〈補記二郎神三官和鍾馗〉，《臺灣風物》，第十八卷第二期，頁五二~五三。

179.見邱坤良：〈鬼王鍾馗傳奇的兩種形象〉《現代社會的民俗曲藝》（臺北：遠流出版事業股份有限公司，民國七十二年四月出版），頁二七二。

180.殷登國：《中國的花神與節氣》（臺北：民生報社，民國七十二年六月初版），頁四二。

181.王孝廉：《花與花神》（臺北：洪範書店，民國七十三年八月六版）頁一四九~一五○。

182.《西湖老人繁勝錄》，（臺北：大立出版社，東京夢華錄外四種，民國六十九年出版），頁一一八。

183.周密，前引書，頁三七九。

184.顧祿，前引書，卷五頁三。

185.同上註，卷一頁九。

186.同上註。

187.同上註，卷五頁四。

188.同上註，卷一頁九。

189.同上註，卷五頁四。

190.李文漢：《繪事奇徵錄》（臺北：遠東出版社，民國五十六年元月初版），頁三三~三四。

191.鄭志明：〈臺灣民間信仰的神話思維〉《民間信仰與中國文化國際研討會論文集》（臺北：中央圖書館，民國八十三年四月），頁九七。

第四章 影響鍾馗故事發展的其它因素

第一節 繪畫

繪畫對鍾馗的影響有二，一是題材的擴充；一是鍾馗形象及內涵的宣傳。鍾馗之所以在繪畫上擁有多種面貌，最初不過是畫家作畫時所必有的一些小改變，即《宣和畫譜》所謂：「世始有鍾馗，然臨時更革態度，大同而小異，唯丹青家緣飾之如何耳[1]。」同書亦有云：「鍾馗近時畫者甚多[2]。」在大量繪製而又彼此不同的情況之下，自然會不斷創造一些新題材，而經過時代的推移及人們的喜好淘汰之後，某些題材遭到拋棄，某些則受到歡迎而留傳。其中最主要而具體的故事題材擴充有三，一是嫁妹，一是醉鍾馗，一是五鬼。

早在唐朝時，鍾馗畫便是過年的賞賜，大臣可以拿來貼在門上。目前雖然不知當時的鍾馗是何長相，但是由皇帝賞賜大臣這件事來看，其穿著打扮應該不是敦煌驅儺文中所描寫的那般原始野蠻，而是另有完成的形象。

而傳說中的鍾馗畫創始者，乃是唐朝的吳道子。他出身於民間，由民間畫工進而為宮廷畫家，其作品從著錄來看，大多是宗教性繪畫，畫作多在寺廟牆壁上，也充分顯示了民間畫工的傳統[3]。《歷代名畫記》說吳道子：

> 授筆法於張旭……彎弧挺刃，植柱溝梁，不假界

筆直尺，虯鬚雲鬢，數尺飛動，毛根出肉，力健有餘，當有口訣，人莫得知，數仞之畫，或自臂起，或從足先，巨狀詭怪，膚脈連結，過於僧繇矣[4]。

以這樣的功力及畫風來畫鍾馗，自然能使玄宗嘆服，家家戶戶願意懸掛了。任半塘亦曰：

在開元以前即有〈謝賜鍾馗畫表〉，謂畫始於玄宗時，自亦不確。惟若吳畫之傳神奇妙，甚至因玄宗說夢，始構成新奇之想像，均不得謂為無稽也[5]。

吳道子的畫雖然不是第一張鍾馗畫，但是以他在民間畫鬼神的經驗，加上繪畫技法的純熟。將鍾馗畫加工至皇帝覺得很像，民間也覺得好看的地步，則不是不可能的。

唐之後，在《圖畫見聞誌》卷二，五代項下記載有〈小兒戲舞鍾馗[6]〉及〈舞鍾馗[7]〉二圖。由以上二圖名稱可知，當時的畫家在繪製鍾馗圖時，均作舞蹈之形。而以〈舞鍾馗圖〉呈獻給皇帝，還可以有賞賜，可見五代時對鍾馗信仰之熱衷。而由鍾馗畫也開始引發一些故事，如宋黃休復《益州名畫錄》云：

蒲師訓者，蜀人也。……甲寅歲春末，蜀王或夜夢一人，破帽故襴，龐眉大目，方頤廣顙，立於殿階，跂一足，曰：「請修理之。」言訖寢覺。翌日因檢他籍，見此古畫，是前夕所夢者神，故絹穿損畫之左足。遂命師訓令驗此畫是誰之筆。師訓對云：「唐吳道玄之筆，曾應明皇夢，云痁者神

也。」因令重修此足呈進。後蜀王復夢前神謝曰：
「吾足履矣。」上慮為祟，即命焚之[8]。

此故事與六朝時的一個故事很像，《幽明錄》：「鄧
艾廟在京口，上有一草屋。晉安北將軍司馬恬於病中，夢
見一老翁曰：『我鄧公，屋舍傾壞，君為治之[9]』」只不
過此故事沒有前一個那麼完整。但郭若虛《圖畫見聞志》
〈鍾馗樣條〉曾有云：「昔吳道子畫鍾馗，衣藍衫，鞹一
足，眇一目，腰笏巾首而蓬髮，以左手捉鬼，以右手抉其
鬼目，筆蹟遒勁，實繪事之絕格也[10]。」黃休復所說的若
是事實，那麼後代的郭若虛又怎能看得到吳道子的鍾馗畫
呢？二者誰是誰非？不得而知。

《益州名畫錄》又云：「每年杪冬末旬，翰林攻畫
鬼神者，例進鍾馗焉。丙辰歲趙忠義進鍾馗，以第二指挑
鬼眼睛。蒲師訓進鍾馗，以拇指剜鬼睛。二人鍾馗相似，
惟一指不同。蜀王問此畫孰為優劣，筌以師訓為優，蜀王
曰：「師訓力在母指，忠義力在第二指，二人筆力相敵，
難議昇降[11]。」又郭若虛《圖畫見聞志》云：

> 吳道子畫鍾馗，以左手捉鬼，以右手抉鬼目，蜀
> 主愛重之，謂黃筌曰：「若用拇指掐其目，愈見有
> 力，試為我改之。」筌請歸私室，乃別張絹素，畫
> 一鍾馗，以拇指掐鬼目，并吳本獻上，曰：「吳道
> 子所畫鍾馗，一身之力，氣色眼貌，俱在第二指，
> 不在拇指，故不敢輒改。今臣所畫，雖不逮古，氣

色眼貌俱在第一指。」蜀主嗟賞之。[12]

　　這兩個故事乃是以沈括的記載為藍本，分別以不同的著眼點來編故事。一是從夢中顯現，一是剜小鬼目。不過在後世，並沒有看到這兩個故事的進一步發展。

　　另有〈墨筆判官〉的故事，云：

> 里俗畫鍾進士，多用珠砂，云五日懸之以避魅也。
> 召隸嘗有仙降，每為人作畫。某君往求之，仙賜以
> 墨筆判官，某君不樂，以為不祥也。已而比鄰起，
> 延燒者眾，其家獨無恙。[13]

　　《清嘉錄》云：「俗又稱水墨畫者曰水墨鍾馗[14]。」由此可知，以水墨畫鍾馗由來已久，此處的故事應該又是一個對既有習慣的解釋。

　　又有云：「一日午睡初醒，聽窗外婢媼悄語說鬼，有王媼家在西山，言曾月夕守瓜田，遙見雙燈自林外冉冉來，人語嘈雜，乃一大鬼醉欲倒，諸小鬼掖之踉嗆行，安知非醉鍾馗乎？天地之大，無所不有。隨意畫一人，往往遇一人與之肖，隨意命一名，往往有一人與之同，無心暗合，即是畫工之自然也[15]。」此處可看出新的故事正在出現，醉鍾馗乃是畫家的題材，現在有人看到奇怪的東西，認為就是醉酒的鍾馗，若再繼續渲染，很可能就成了新的故事。

　　自唐以來，民間在新年貼鍾馗畫的習俗一直未斷。如孟元老《東京夢華錄》卷十〈十二月條〉：

近歲節，市井皆印賣門神、鍾馗、桃板、桃符、及
財門鈍驢、回頭鹿馬、天行帖子[16]。

吳自牧《夢粱錄》卷六〈十二月條〉也有記：

歲旦在邇，席鋪百貨，畫門神桃符，迎春牌兒，紙
馬鋪印鍾馗、財馬、迴頭馬等、饋與主顧[17]。

又同書〈除夜條〉：

士庶家不論大小家，俱洒掃門閭，去塵穢，淨庭戶，
換門神，挂鍾馗，釘桃符，貼春牌，祭祀祖宗[18]。

周密《武林舊事》卷三〈歲晚節物條〉：

都下自十月以來，朝天門內競售錦裝、新曆、諸
般大小門神、桃符、鍾馗、狻倪、虎頭，及金綵縷
花、春帖旛勝之類，為市甚勝[19]。

同書〈歲除〉條亦云：

殿司所進屏風，外畫鍾馗捕鬼之類[20]。

明劉若愚《酌中志》：

三十日歲暮，……門旁室內懸掛福神鬼判鍾馗等畫[21]。

又《北平風俗類徵·歲時》：「（十二月）中旬，人
家換桃符、門神、鍾馗、福祿天官、和合。（《京都風俗
志》）[22]」。

「禁中歲除，各宮門改易春聯，及安放絹畫鍾馗神
像。像以三尺長素木小屏裝之，綴銅環懸掛，最為精雅。

先數日各宮頒鍾馗神於諸皇親家。(《舊京遺事》[23])

「【明】張瀚《松窗夢語》卷七記載:『今杭俗元旦多懸其像,皆戴文進筆,緣進本杭人也。』在宋代,杭州商人為了買賣興隆,籠絡老客戶,到了年底歲末,將鍾馗像贈送給買主[24]。」

另外還有在端午掛鍾馗畫的習俗,如顧錄《清嘉錄》〈五月部‧挂鍾馗條〉:

> 堂中挂鍾馗畫圖一月,以袪邪魅。後引《江震志》
> 云:「五日,堂中懸鍾馗畫像,謂舊俗所未有[25]。」

富察敦崇《燕京歲時記》云:

> 每至端陽,市肆間用尺幅黃紙蓋以硃印,或繪畫天
> 師鍾馗之像,或繪畫五毒符咒之形,懸而售之,都
> 人士爭相購買,粘之中門以避祟惡[26]。

《清嘉錄‧挂鍾馗圖》:胡浩然除夕詩云:「靈馗挂戶。」則知古人以除夕,今人以端五,其用亦自不同[27]。

吳曼雲江鄉節物詞小序云:「杭俗,鍾進士畫像,端午懸之以逐疫。詩云:『進士頭銜亦惱公,怒髯皤腹畫難工。終南捷徑誰先到,按劍輸君作鬼雄。』[28]」

又《鑄鼎餘聞》卷四:

> 《吳江震澤合志》云:五月五日堂中懸鍾馗畫像,
> 舊俗所未有。吳曼云《江鄉節物詞小序》云:杭俗
> 端午懸鍾進士畫像以逐疫[29]。

　　由這些資料可以看到，民俗和繪畫之間，有著極密切的關係。而民間的鍾馗畫就存在於這二者的關係上。由於民俗需要有新年的門神畫，鍾馗就出現於新年；民俗需要有逐疫的神像畫，鍾馗就會出現在端午。至於背後的信仰問題，已於第二章有過討論，此處不贅。不過，由這些資料僅能瞭解鍾馗畫是很受歡迎的，但究竟紙上畫的是什麼內容呢？

　　鍾馗自進入繪畫領域後，不斷在發展新的題材。見於記載的有程敏政《宋遺民錄》：「頤真趙千里作髯君（按：即鍾馗），野潤一豪豬即之妹子，持仗披襟逐之。（均案：此鍾馗嫁妹俗說所昉。）[30]」又有石恪所作《鬼百戲圖》，「畫鍾馗夫婦對案置酒，供張果肴，乃執事左右皆述其情態：前有大鬼數十，合樂呈伎倆，曲盡其妙[31]。」二人所畫的都不是一般印象中的鍾馗該作的事。於此可以發現，鍾馗畫已經往不同的兩條路線各自發展，一是文人畫，一是民間年畫。

　　在文人畫方面，畫家們創造了許許多多不同的題材。有鍾馗嫁妹，有鍾馗醉酒，有鍾馗捉鬼，有鍾馗出遊……等等，若要一一列舉出來，將是一長串的名單。不過這些繪畫上的創作，與後世鍾馗故事的發展有很大的關係，鍾馗不像一般的民間傳說人物那樣，經常受到文人學士的歌詠。他的故事在文字上的改動甚少，反而在圖畫上有很大膽的創意。畫家們是在畫面上改變了鍾馗的故事，而藉著繪畫所獨有的圖象表現能力，即使是一個不識字的人，他

也能瞭解畫家在說什麼，這又促進了新題材的流傳。有些鍾馗的衍生故事，都是先見到圖畫，然後才有故事。例如鍾馗嫁妹即是。故以下將擇要略述大概。

首先由時代較早的來看，五代南唐的顧閎中有〈鍾馗出獵圖〉，畫鍾馗持劍騎驢，雙肩高聳，前後各有小鬼跟隨[32]。石恪有〈鍾馗氏小妹圖〉。又有孫知微畫〈雪鍾馗圖〉，鍾馗「破巾短褐，束縛一鬼荷於擔端，行雪林中。想見武舉不第，胸中未平，又怒鬼物擾人，擒捕擊博，戲用餘勇也[33]。」可見五代時鍾馗已有武舉不捷之傳說了。又五代王道求則畫有〈挾鬼鍾馗圖[34]〉。

劉道醇《聖朝名畫評》記載宋代高益曾為孫四皓畫鍾馗，「孫遽張於賓館，或曰：『鬼神用力，此傷和重。』高益聞知，乃睆目奪筆，畫一異狀者，舉石狻猊以擊屬鬼。視者驚其勁捷[35]。」其後有李雄，畫〈舞鍾馗圖〉，「尤為精粹[36]。」據《宣和畫譜》所載，宋周文矩有〈鍾馗小妹圖五〉及〈鍾馗圖〉[37]，楊棐亦有〈鍾馗氏圖〉[38]。宋末龔開有〈鍾進士移居圖〉及〈中山出遊圖〉。在此二圖中畫鍾馗與其妹一同出遊，不過看起來已有嫁妹的感覺。宋蘇漢臣有〈鍾馗嫁妹圖〉[39]。宋人又有〈射妖圖〉[40]，畫鍾馗轉身彎弓拉箭。

元代有王振鵬的〈鍾馗送嫁〉[41]。也有描寫端午景像的，如〈天中佳景〉[42]，將鍾馗畫在符紙上，兩旁各有靈符兩道並列。此外陳琳有〈畫寒林鍾馗〉[43]，鍾馗著白衫，持笏立於寒風凜冽的林中，象徵著鍾馗的高潔。不過沈平山

認為「寒林」即「翰林」[44]之意，象徵金榜題名，雖也言之成理，但和畫面的蕭疏寥落不合。

　　明代有葉澄的〈鍾馗夜巡〉[45]，畫鍾馗持笏，轉身回頭，若有所問。身後有小鬼打破傘，持瓶，執雙柿如意，持雙穗之穀。明憲宗有〈柏柿如意〉[46]圖，寓百事如意之意。戴進作〈鍾馗遠游〉[47]，鍾馗乘輿，二鬼扛之，一鬼打傘，又二鬼隨行，山後有另一鬼挑琴劍趕來。仇英有〈天降麟兒〉[48]圖，畫鍾馗肩上坐一小兒，遠處有麒麟飛來。文徵明有〈寒林鍾馗〉[49]，李士達亦有〈寒林鍾馗〉[50]。錢穀有〈午日鍾馗〉[51]及〈歲朝圖〉[52]。

　　清代的作品甚多，如擅長指畫的高其佩，據說每年端午節都要畫鍾馗，一生所畫不下數十幅[53]。名畫家任伯年也創作過許多幅鍾馗畫，其中一幅有高邕題詩曰：「少小名驚翰墨場，讀書無用且佯狂，我今欲借先生劍，地黑天昏一吐光[54]。」可見其寄託。華嵒有〈稱鬼圖〉[55]，畫兩名童子正在秤一小鬼，鍾馗則在一旁觀看。黃慎有〈鍾馗訓讀〉，畫鍾馗坐於長桌之後，「一鬼捧卷，似已忘句，鍾馗揚笏欲下。旁有鬼類磨墨舐筆，或擎傘持劍，或跪地朗讀[56]」。羅聘有〈鍾馗垂釣〉，上題：「一夢荒唐事有無，吳生粉本幾臨摹；紛紛畫手翻新樣，何不先生作釣徒[57]？」羅聘又有〈鬼戲鍾馗〉[58]等圖。金農有〈醉鍾馗〉[59]，方薰有〈聞酒則喜〉[60]、〈梅下讀書〉[61]。徐白齋有〈群童戲判〉[62]。居廉〈鍾馗瞌睡〉[63]。王素〈醉賞榴花〉[64]，畫鍾馗醉臥，一小鬼在其身後偷翻舀酒喝。又〈溫柔鄉有偉丈

夫〉[65]，畫鍾馗醉眼惺忪，五位美人隨侍在側。吳俊卿有
〈美髯鍾馗〉[66]。清世祖有〈畫鍾馗〉[67]圖。金廷標有〈鍾
馗探梅〉[68]。又有無名氏所作〈花鳥畫冊〉[69]，內有鍾馗和
小鬼們踢球玩樂。

　　鍾馗也可以作成小孩的玩具，如宋人〈嬰戲圖〉[70]畫小
孩正在玩弄鍾馗形象的傀儡。又如元人〈夏景戲嬰〉[71]，圖
中的鍾馗像個布娃娃，被孩子們擺在桌上。清人陳字〈文
房集錦〉[72]，鍾馗也是小孩手中的玩具。

　　鍾馗醉酒也是畫家喜愛的題材，如華嵒〈午日鍾
馗〉，畫鍾馗在倚椅上閒坐，身後有五鬼，一鬼執破傘服
侍，一鬼欲偷桌上果子。此畫且有題詩云：「黃油紙纖日
邊遮，中酒鍾馗紗帽斜。醉眼也隨蜂蝶去，小西園裡鬧群
花[73]。」

　　以鍾馗為題的繪畫甚多，以上僅略舉數例，就已經
予人目不暇給之感。鍾馗在文人畫中之所以能夠佔得一席
之地，完全是由於繪畫上大量的以鍾馗為寄託，舒發文人
畫家自己的不平之氣。鍾馗就像梅、蘭、竹、菊四君子一
樣，有了超越外表的象徵意義。蘇軾的「繪畫以形似，見
與兒童鄰。」是文人參與繪畫，貶斥客觀模擬技法的明證
[74]。文人畫家畫竹。不一定是欣賞它的美，而是將竹子當作
一種高風亮節的象徵。所想表現的是自己的高潔。而畫鍾
馗，則可以有多種含意，也許是表現自己有志不得伸，或
者是想借鍾馗之手斬天下小人。這些由畫面或題目都可以
清楚的看出來。如錢叔寶畫鍾馗移家增飾「魑魅虛耗得志

跳踉之態，深得小人情狀[75]。」即是借鬼罵人。故清朝鄭績於《夢幻居畫學簡明》〈論肖品〉曾云：

> 畫鬼神前輩名手多作之，俗眼視為奇怪，反棄不取。不思古人作畫，並非以描摹悅世為能事，實借筆墨以寫胸中懷抱耳。若尋常畫本，數見不鮮，非假鬼神名目，無以舒磅礡之氣。故……馬麟作〈鍾馗夜獵圖〉，龔翠巖作〈中山出遊圖〉，……俱是自別陶冶，不肯依樣胡蘆。胸中樓閣，從筆墨敷演出來，其狂怪有理，何可斥為謊誕[76]？

所謂「借筆墨以寫胸中懷抱」，正是不語怪力亂神的文人們所以畫鍾馗的原因。而他們之所以會選擇鍾馗當作寄託的對象，完全是因為它的出身故事將其歸為文人所致。這也就是為什麼神荼、鬱壘等許多門神也都會驅鬼，但是卻少有文人畫拿它們來當作寄託對象的原因。

另外在民間年畫方面，各省均有鍾馗畫，而且各有獨特的樣式，但都保留了最原始的驅鬼功能。如河南靈寶的鍾馗，「常用硃紅印刷，上有題句：『硃砂神判下天堂，手掌寶劍鎮家鄉；斬妖除邪最靈應，老少清吉獲禎祥[77]。』」河南朱仙鎮有清代〈鎮宅鍾馗〉圖，「畫鍾馗綠袍仗劍，戴進士巾正面踞坐[78]。」杭州有清代〈福在眼前[79]〉圖，畫鍾馗一手持劍，看著眼前的蝙蝠。上海在光緒初年時有〈鍾馗嫁妹[80]〉的年畫。

清代北京有〈托錢鍾馗〉，「北京稱鍾馗又叫『判

子』或『神判』。此圖畫鍾馗背負重錢，手托『國寶流通』金錢，正面端坐，俗稱『托錢判』。是民間貼於後門的門畫一種[81]。」北京又有〈道經師寶〉圖，「此畫刻印之鍾馗形象奇古，揚劍捉蝠，動勢自然。圖上除刻『道經師寶』一印外，又橫刻『九天應元雷聲普化雷尊』符錄一排，是道家將鍾馗隸屬於雷部諸神中[82]。」

　　清代天津楊柳青有許多鍾馗年畫，如〈福在眼前〉[83]、〈恨福來遲[84]〉、〈鍾馗送妹[85]〉、〈歸妹圖〉[86]、〈武判[87]〉、等。其中武判之名乃是「因其身披鎧甲，手拿劍器，故名[88]。」山東濰縣有〈只見福來[89]〉，也是畫鍾馗手執寶劍，注視眼前的蝙蝠。

　　蘇州桃花塢有〈降福消災[90]〉圖，畫鍾馗一手持劍，一手持笏，作奔跑狀。畫面上有端蓋有「降福消災」、「四季平安、「生意興隆」朱印三方。同地又有〈驅邪降福〉圖，畫鍾馗舞劍，面前有一蝙蝠，畫面上端蓋有「驅邪降福鎮宅靈符」、「生意興隆財源茂盛」、「招財進寶四季平安」三方印。據稱「是屬商店舖戶印挂者[91]。」又有〈喜從天降〉圖，「畫鍾馗騎一花驢，舉笏捻髯，旁有一鬼擎傘，上有壁蟢欲墜。因蟢與喜字因同，乃取其喜從天降之吉意[92]。」

　　廣東佛山有〈引福歸堂[93]〉，畫鍾馗舉劍作招引狀，面前有一蝠飛來。四川棉竹有〈永鎮家宅〉拓印畫片，據說「清代作坊除刻印門畫外，還有拓印道釋人物畫片流行[94]。」此圖刻繪鍾馗背上背負一琴，手握寶劍上舉，圖上有

詩曰：「雄才法氣耀天庭，凜烈威風護眾生，仗劍驅邪雲物外，闔家長享太平春。」洛陽龍門有明代〈御筆鍾馗[95]〉石刻，鍾馗一手持劍，一手作摳招狀。登封少林寺有明代〈鈞天廣樂[96]〉石刻，鍾馗托書一函，攜琴一張。

　　民間貼鍾馗畫，其心理自然和文人不同。他們著重在它的辟邪祈福的功能，而不是有什麼寄託。故蔡鐵翁詩云：「掀髯墨象聊驚鬼[97]。」又《曲海總目題要》曰：「畫家多作鍾馗像，民間用以壓鬼。」皆是注重實用功能的寫照。所以年畫中的鍾馗多著鎧甲，手持寶劍，有殺敵之意。與文人畫中穿長衫的書生鍾馗迥然有別。此外，民間年畫也特別強調蝠（福）、蟢（喜）等同音字，並且以這種手法，發展出許多不同的畫題。這點在《斬鬼傳》中被充分的應用，以同音的原則創造出許多有趣的地名物名。而由於民間注重鍾馗畫的辟邪功能，所以河南省靈寶縣才會發生以下的事：

> 靈寶的門神、鍾馗俗稱最神奇。傳說中門神能防盜，鍾馗會捉鬼。但在畫面須加蓋靈寶縣印一方方驗。然每蓋一印，需銀一兩，縣府官吏由此致富[98]。

　　鍾馗畫也影響了民間小曲，清代華廣生編的《白雪遺音》卷三〈鬧腮鬍〉：「佳人房中把被鋪，想起兒夫淚如蘇。別人兒夫多英俊，奴的兒夫鬧腮鬍。到晚來，他與奴家睡，恰賽水墨鍾馗圖[99]……。」以鍾馗來比喻滿面于思的先生，可謂挖苦之至了。

由繪畫上天馬行空的想像，使得鍾馗成為一個複雜的符號，不同的人可以從他身上取得自己想要的意義。而且鍾馗又是一個很自由的符號，不論是畫家或文學家，均可以依自己的想像能力予以變化。這種自由聯想的特質是鍾馗可以不斷發展新故事的重要原因。而就算鍾馗進入了不同文化背景的國家，這種特質仍然不會消失。

例如在中國的民間繪畫中，常有蝙蝠和鍾馗一起出現，圖上的鍾馗多是手拿寶劍，抬頭望著蝙蝠，稱為「執劍蝠來」（只見福來），或稱「蝠在眼前」（福在眼前）。這是因為「蝠」與「福」同音，取其吉祥之意。清代的鍾馗小說《斬鬼傳》裡還將蝙蝠當作是鍾馗的部將之一，謂其能知鬼魅。而梅蘭芳綴玉軒所珍藏的明代鍾馗臉譜上，「在額上亦有了一個小的蝙蝠圖案[100]。」《歷代神仙通鑑》卷十四甚至說：「帝問葉法善曰：『果之根蒂，先生豈不知之？』法善曰：『混沌初分，有黑白二蝙蝠。寢殿啖鬼之鍾進士，黑者所化。此老是白者修成[101]。』」根本就把鍾馗和蝙蝠當作是一件事。但是在日本畫家藤原愣山先生筆下，卻不畫蝙蝠，反而給鍾馗佩戴一顆大蒜。因為日本人認為蝙蝠是邪惡的象徵，而蝙蝠討厭大蒜。鍾馗又是驅逐邪惡的象徵，為表現驅邪的情景，所以讓他攜帶蝙蝠所討厭的大蒜[102]。這證明鍾馗已經具有成為「箭垛式人物[103]」的條件了。只要是驅邪的事情，都可以和它畫上等號。

第二節 文人題詠

鍾馗畫符號化之後，隨之而起的題畫詩自然也跟隨著這樣的思考方式。文人的詩作由於出現於鍾馗故事成形之後，且多附屬於繪畫之下，所以文人詩對鍾馗故事的形成影響不大。不過由於鍾馗在故事中生前的身份是才高八斗卻有志難伸的文人，這點自然引起很多人的共鳴。而鍾馗新形象若被題成詩句，通常就是被廣泛承認的。所以它對已經出現的鍾馗形象有補強的作用。文人詩對鍾馗的描寫主要是藉題發揮，或借其進士不捷之恨，或借其捉鬼之職。還有許多以鍾馗為主角的題畫詩，則是直接描寫畫上的題材。另有一些在詩中不經意地提起鍾馗的，在此也一併敘述。

首先來看藉題發揮者。吳承恩所作二郎搜山圖歌中有句云：「我聞古聖開鴻蒙，命官絕地天之通。軒轅鑄鏡禹鑄鼎，四方民物俱昭融。後來群魔出孔竅，白晝搏人繁聚嘯。終南進士老鍾馗，空向宮幃啗虛耗。民災翻出衣冠中，不為猿鶴為沙蟲。坐觀宋室用五鬼，不見虞廷誅四凶[104]。」吳承恩生逢嘉靖之世，明世宗迷信仙道，昏庸誤國，政治極為黑暗。自身又懷才不遇，故字裡行間，不免諷刺當道，揶揄世態。詩中嘲笑鍾馗只會吃小鬼而放過真正為害百姓的大鬼。

程敏政《篁墩文集》卷七二，〈鍾馗騎驢圖為周可大憲使賦〉云：「陰風蕭蕭吹髮寒，老馗夜踏山兩殘。恨生不作

中執法，誓死肯負唐衣冠。驪山夢破一回首，上帝無煩六丁走。魑魅都歸鞭策中，贏得騎驢袖雙手[105]。」原圖僅是普通的鍾馗騎驢圖，但詩人卻附予它自身的抱負。詩中先塑造出陰森寒冷的氣氛，鍾馗在此環境中出現獨行，令人感到孤獨寥落卻又膽氣甚壯。後半則寫其有志難伸之概。

程敏政，卷八十，〈題盛舜臣所藏顏秋月鍾馗出遊圖〉曰：「青天下白露，古道吹陰風。窅然絕人跡，野燐招搖紅。老馗跨長耳，出眺咸陽東。前驅役屬鬼，欻若尊元戎。睢盱礪雙刃，急腳鳴青銅。檛鼓或弄篷，皂旆揚其中，誓剪六耗孽，祛爾百祟凶。相期衛良民，振旅還幽宮。侃侃達上帝，冥冥策其功。何哉虎榜人，不樂鼠輩同。顏生號秋月，妙染非常工。水墨不憚勞，幽冥忽相通。貌之豈無意，媿彼生王公。寒窗日卓午，瓦研水初融。聯題一轉語，未覺雙眸空[106]。」

王仲昭《未軒文集》卷十一，〈戲題鍾馗〉曰：「曾向明皇夢寐中，手擒魑魅逞英雄。如何不斬姦邪首，縱使胡兒入後宮[107]。」此詩對鍾馗多有責備，認為它沒有善盡職責。

劉基《誠意伯文集》卷四，〈題鍾馗役鬼移家圖〉曰：「髯夫當前鬏婦後，腊鬼作糧驅鬼負。虹蜺可駕雷可車，胡為役鬼來肩輿。乃知老馗未公正，怙威植私干律令。玄雲沉陰鬼怪多，馗乎馗乎奈爾何[108]。」這裡甚至指名道姓的罵起來了，由於鍾馗營私干預律法，遂使鬼怪越來越多。

李曄《草閣詩集》卷二，〈題鍾馗移家圖〉曰：「綠袍進士掀怒髯，饑來嚼鬼如蜜甜。酸風苦雨攪白日，移家欲往陰山尖。隨兄小妹臉抹漆，眼光射人珠的皪。鬼奴鬼妾千萬形，蟹怪貓妖最蕭瑟。勢能使鬼鬼不違，髑髏在後嗤鍾馗。英雄如山堆白骨，莫倚區區手中笏[109]。」此詩以鍾馗的捉鬼職責為主題，再輔以白骨成堆的英雄，來寄寓仕途之險惡。

陳方：「楚襲胸中墨如水，零落江南髮垂耳。文章汗馬兩無功，痛哭乾坤遽如此。恨翁不到天子傍，陰風颯颯無輝光。翁也有筆同干將，貌取群怪驅不祥。是心頗與馗相似，故遣麾斥如翁意。不然異狀吾所憎，區區白日胡為至。嗟哉咸淳人不識，夜夜宮中吹玉笛[110]。」詩中也明白說出欲借鍾馗斬人間不義的寄託。

鄭元祐〈鍾馗鬼圖詩〉：「老髯足恐迷陽棘，鬼肩藤輿振雙膝。前驅肥兒身短黑，非髯嬌兒則已臘。後從眾醜服廝役，擔攜鬼脯作髯食。鬼允未必能肥腴，餔之空勞髯手擘。彼瘦而巾褌長窄，無乃癯儒執髯役。其餘醜狀千百態，專為世人尸辟怪。楚襲獰老非其類，請問而由識其概。想襲日精爍陰界，行屍走肉非殊派。民脂民膏飽死後，卻供髯餐縮而瘦。無由起襲問其候，有嘯于梁妖莫售[111]。」此詩乃是在詛咒剝削民脂民膏的貪官污吏，死後將淪為鍾馗口中之肉。

又直接描寫畫裡鍾馗的有：

元朝薩都剌〈終南進士行・和李五峰題馬麟畫鍾馗

圖〉：「老日無光霹靂死，玉殿咻咻叫陰鬼；赤腳行天踏龍尾，偷得紅蓮出秋水。鍾南進士髮指冠，綠袍束帶烏靴寬；赤口淋漓吞鬼肝，銅聲剝剝秋風酸。大鬼跳梁小鬼哭，豬龍饑嚼黃金屋；至今怒氣猶未消，髯戟參差怒雙目[112]。」

在《鐵網珊瑚》書中，有許多題龔開〈中山出遊圖〉的詩句，如宋無：「酆都山黑陰雨秋，群鬼聚哭寒啾啾。老馗豐髯古幞頭，耳聞鬼聲饞涎流。鬼奴輿夜出遊，兩昧劍笠逐輿後。槁形蓬首枯骸瘦，妹也黔面被裳繡。老馗回觀四目鬥，料亦不嫌馗醜陋。後驅鬼蜍荷衾枕，想馗倦行欲安寢。挑壺抱甕寒凜凜，毋乃榨鬼作酒飲。今我能言口為噤，執縶罔兩血洒髀。毋乃剁鬼作鬼鱃，今我有手不能把。神閒意定原是假，始信吟翁筆揮洒。翠岩道人心事平，胡為識此鬼物情。看來下筆眾鬼驚，詩成應聞鬼泣聲。至今卷上陰風生。老馗氏族何處人，託言唐宮曾見身。當時聲色相沉淪，阿瞞夢寐何曾真。宮妖已踐馬嵬塵，倏忽青天飛霹靂。千妖萬怪遭誅擊，酆都山摧見白日。老馗忍飢無鬼吃，冷落人間守門壁[113]。」

呂元規：「百鬼紛紛擾士民，明皇選得夢中身。前呼後擁中山道，翻與群妖作主人。[114]」

龔璛：「歲云暮矣索鬼神，九首山人生怒嗔。獵取群妖如獵兔，驅儺歸去作新春[115]。」

翁博鳳：「老馗怒目髯奮戟，阿妹新粧臉塗漆。兩輿先後將何之，往往徒御皆骨立。開元天子人事廢，清宮欲藉鬼雄力。楚龔毋乃好齒怪，醜狀奇形尚遺蹟[116]。」

　　韓性：「是為伯強為謫狂，睢盰鬼伯髯怒張。空山無人目昏黃，迴風陰火隨幽篁。辟邪作字魏迄唐，殿前吹笛行跟蹡。飛來武士藍衣裳，夢境何為在縑緗。中山九首彌荒唐，猶可為人祓不祥。是心畫師誰能量，筆端正爾分毫芒。清都紫府昭回光，三十六帝恭翱翔。陰氣慘淡熙春陽，謂君閣筆試兩忘。一念往復如康莊。[117]」

　　而明人神鬼題畫詩多以鍾馗為主題，鄭真《滎陽外史》集卷五十，〈鍾馗畫像贊〉：「骨格稜層，形顏磊碗，森髯下垂，怒髮上起，風霜凜然，目觸手指，群魅百邪，震懾披靡[118]。」

　　唐寅《鍾馗贊》：「烈士骨，不可屈；烈士精，久乃靈。嗔爾目，階可觸；正爾心，邪可擒。欽爾風，望爾容，魑魅魍魎咸潛蹤，千秋之下真英雄[119]！」

　　凌雲翰《柘軒集》卷三，〈鍾馗畫〉曰：「北風吹沙目欲眯，宮柳搖黃拂溪水。終南進士倔然起，蝟磔于思含缺齒。袍藍帶角形甚傀，烏帽裹頭靴露指。白澤在旁口且哆，馴擾不異麟之趾。手持上帝書滿紙，若曰新歲錫爾祉。一聲竹爆物盡靡，明日春光萬餘里[120]。」

　　又陸游寫了幾首過年的詩，都不經意地提到了鍾馗。

　　〈新歲〉詩：「改歲鍾馗在，依然舊綠襦[121]。」

　　〈辛酉除夕〉詩：「登梯挂鍾馗，祭灶分其餘[122]。」這是寫過年時的習俗，可見鍾馗是和日常生活習習相關的。

　　〈除夜〉詩：「椒酒辟瘟傾潋灩，藍袍俘鬼舞蹣跚[123]。」所描寫的則是畫上的鍾馗形象。

　　由以上的敘述可知，鍾馗在文人的詩句當中，也可以和文人畫一樣，扮演被寄寓胸中之氣的腳色。透過這些詩句的推波助瀾，鍾馗的文人形象就更加鞏固了。

第三節　戲曲

　　戲曲對鍾馗故事的影響極為深遠，如目前最為人所熟知的嫁妹故事，基本上都是承襲《天下樂》傳奇而來。又如「五鬼鬧判」的故事，也是在戲曲上發展完成的。而鍾馗的形象在演員們的多年表演及揣摩之下，也逐漸有了固定的模式。

　　最早的鍾馗劇目記載於周密《武林舊事》，在「宮本雜劇段數」條下，列有「鍾馗爨」一本。按《武林舊事》成於宋亡之後，夏承燾考證當撰成於公元一二八〇至一二九〇這十年間[124]。記述以南宋時期的臨安為範圍。由於是最早的鍾馗戲，其演出形式頗令人好奇。關於爨的來源，元陶宗儀輟耕錄卷二十五「院本名目條」曾云：

　　　金有院本、雜劇、諸公（當作宮）調，院本、雜
　　劇，其實一也。國朝，院本、雜劇始釐而二之。
　　院本則五人：一曰副淨，古謂之參軍；一曰副末，
　　古謂蒼鶻，能擊禽鳥，末可打副淨，故云；一曰引
　　戲，一曰末泥，一曰裝孤。又謂之五花爨弄。或
　　曰：宋徽宗見爨國人來朝，衣裝鞋履巾裹，傅粉
　　墨，舉動如此；使優人效之以為戲。又有燄段，

亦院本之意，但差簡耳，取其如火燄，易明而易
滅也[125]。

此文概略介紹了爨的表演及其來源，而鄭振鐸則舉
周密《武林舊事》卷一：「雜劇吳師賢以下，作君聖臣賢
爨，斷送萬歲聲。」為例，認為「君聖臣賢爨」只在天基
聖節（正月五日）的宴樂時第四盞間演奏之，似也只要雜
耍或大曲之流的東西。姑不論其推測是否正確，但爨的演
出極為短暫卻是可以相信的。

關於爨的演出形式，元・杜仁傑《莊家不識勾闌》般涉
耍孩兒套，其四煞和三煞的遭有曾描寫爨的演出情形如下：

> 一個女孩兒轉了幾遭，不多時引出一火。中間裡一
> 個央人貨：裹著枚皂頭巾頂門上插一管筆，滿臉石
> 灰更著些黑道兒抹。知他待是如何過，渾身上下，
> 則穿領花布直裰。
> 含了會詩共詞，說了會賦與歌。無差錯，唇天口
> 地無高下，巧語花言配許多。臨絕末，道了低頭撮
> 腳，爨罷將么撥[126]。

可見當時「爨」的表演是有說有唱，臉上也有化裝。
另外在孟元老《東京孟華錄》，〈駕登寶津樓諸軍呈百戲
條〉有云：

> 忽作一聲如霹靂，謂之「爆仗」，則蠻牌者引退，
> 煙火大起，有假面披髮，口吐狼牙煙火，如鬼神狀
> 者上場，著青帖金花短後之衣，帖金皂褲，跣足，

> 攜大銅鑼隨身，步舞而進退，謂之「抱鑼」。遶
> 場數遭，或就地放煙火之類。又一聲爆仗，樂部動
> 拜新月慢曲，有面塗青碌，戴面具金睛，飾以豹皮
> 錦繡看帶之類，謂之「硬鬼」。或執刀斧，或執杵
> 棒之類，作腳步蘸立，為驅除視聽之狀。又爆仗一
> 聲，有假面長髯，展裹綠袍鞭簡，如鍾馗像者，傍
> 一人以小鑼相招和舞步，謂之「舞判」。繼有二三
> 瘦瘠，以粉塗身，金睛白面，如髑髏狀，繫錦繡圍
> 肚看帶，手執軟仗，各作魁諧趨蹌，舉止若排戲，
> 謂之「啞雜劇」[127]。

鄭振鐸認為：「以『爨』為名者，當係表示其為院本或雜劇詞[128]。」故此處的啞雜劇可能即為不唱歌的鍾馗爨。周密之後不到百年，陶宗儀的《輟耕錄》也有一份〈院本名目〉。不過〈鍾馗爨〉已不見著錄了。這之後一直到明朝，鍾馗才又在戲曲上出現。

明代宮廷雜劇《慶豐年五鬼鬧鍾馗》，首次將五鬼的題材正式搬上舞臺。大意如下：

（楔子）鍾馗上京應試二次，均因楊國忠掌卷而不中。第三次本不欲去，但在知縣苦勸之下，不得已而允之。

（第一折）中途於五道將軍廟暫宿，當夜有大耗、小耗及五方鬼前來侮弄，馗醒而拔劍逐之。眾鬼憚其稟性忠直，均不敢近。

（第二折）鍾馗來至京師應試，主試者為楊國忠及張伯倫。張伯倫欲以鍾馗為頭名進士，但楊國忠收人賄絡，

乃面斥鍾馗文字不佳。張伯倫只好勸鍾馗暫且回寓候旨。

（第三折）次日張伯倫准奏，賜鍾馗進士袍笏，但鍾馗已因氣忿身亡。玉帝憐其正直不遇，故封鍾馗管領天下邪魔鬼怪。鍾馗托夢於人間的殿頭官，殿頭官再奏知聖上，遂令天下畫鍾馗形象，以驅邪怪。

（第四折）於是五福神、三陽真君，偕馗於正月元旦，各顯神通，使三陽開泰，萬民樂業，五穀豐登[129]。

此戲將鍾馗故事內容作了一些更動。首先，原本在明皇寢殿胡鬧的「虛耗」，在此衍成了「大耗」、「小耗」二鬼。而鍾馗本是因為貌醜被黜，但此劇則演由於「常風」、「發傻」二人送銀兩、走後門，遂使才高八斗的鍾馗遭收受賄絡的楊國忠從中作梗。這段情節使鍾馗更加貼近於現實生活，也更能得到落第文人的共鳴。此戲於末尾有在鬼頭上點炮的情節，原意是在增加新正氣氛。但在《斬鬼傳》中，卻被敷衍出情節，甚至在繪畫上也可以看到鍾馗在小鬼頭上點炮的畫面。而「常風」這個腳色以及他和鍾馗當場比詩的情節，也出現在今天裴豔玲小姐所表演的鍾馗戲中。

由於是宮廷戲，所以對皇帝著墨不多。戲中的皇帝僅稱大唐聖人，他並沒有患病，對鍾馗拿第一名也沒有意見。鍾馗是自己氣死的，和聖上沒有關係。

明末阮大鋮有《獅子賺》傳奇，內有與眾不同的鍾馗故事。《曲海總目提要》云：「刊本注百子山樵撰，不書姓名，蓋明末阮大鋮所作也。劇中關目皆空花幻影，與皈

元、曇花、雙修諸劇,同借傳奇說法也。其曰獅子賺者,大藏經載菩薩作獅子吼。優樓頻羅經有獅子眼王菩薩。又佛座為獅子座。故僧家有力能承佛法者,稱法門獅象。劇中以獅子作引,後以打破獅子現本來面目作歸結。所謂但有言說,都無實義,故曰賺也[130]。」可見此劇意在點醒世人,故以獅子賺為名。

　　提要並敘故事大意如下:「等輪王者,統攝幽明,總持三界。謂無始以來,陰陽撮合,晝夜平分,人有罪惡,鬼亦有公案。人死而為鬼,歷諸地獄。鬼轉而為人,亦受諸苦惱。輪王宅心平等,秉教圓通,無異同也。遂定等輪律三條,使獅頭僧傳諭酆都一切官吏軍民男婦諸鬼,使盡改前非,各安本分,有犯者必依律罰往陽世受罪。唐武舉鍾馗曾攝功曹印務,管轄八萬四千鬼頭。以包龍圖斷盆兒鬼案被揭,至總持殿轉降為奈河橋樑候缺大使。閒曹冷署,不堪寂寞,與總持殿掌印判官喇嘛苗有舊,乃盛設飲饌招苗飲,並陳古玩贈苗。苗亦攜地裡鬼、看財鬼、兩頭鬼餽鍾。酒酣,鍾出妹侑酒,苗遂與通。於陵陳仲子以生前矯廉,死為餓鬼,來乞食,為鬼吏所毆。苗醉中遺文筆判簿於地,為仲子拾去。苗歸,途遇犼頭僧牽小猴一頭,在奈河橋演說猴頭經,使猴演故事,為眾鬼指示因果。苗至,令猴重演,猴加衣冠作判赴席狀,自入門揖讓餽遺,以至與鍾妹戲謔,及毆陳仲子,無不畢現。苗怒甚,欲撻之,猴忽化為虎,眾皆驚走。苗至家,遂得疾,其妻子延醫賽無常診視。而犼頭僧陰攝鍾妹魂使與相見,兩情方

篤，忽見陽間差役拘之，病益甚，竟不起。馗方欲與苗朋比納賄，而知苗變，又苗妻以妹贈鞋為據，告之等輪王，欲馗填命。陳仲子亦以所拾文筆判簿訴被毆狀。輪王乃按律罰三人往陽間受罪。輪王欲修等輪志，且補判官缺，乃使卒以書邀禰衡蘇軾。衡赴天曹修文，軾以啟辭，遂以陳仲子補判職，而戒以不必矯廉云。」「劇內說白有鍾馗妹脫鞋為酒杯，與鬼判奉酒，此絕荒誕。然元末楊維楨好以妓鞋承酒，謂之鞋杯，不為無因也[131]。」

　　此戲將鍾馗寫得一文不值，竟會要自己的妹妹脫鞋承酒，又欲朋比納賄。其妹子也不守婦道，初次見面就與人私通。這些情節在以前所看過的任何鍾馗故事都未曾出現，可見是作者自己一人的創作。在鍾馗故事不多的情況之下，本來是極有流傳的價值。但是由於劇中將鍾馗及妹子描寫得過於卑劣，遂使此劇得不到觀眾的認可。雖然繪畫上早有鍾馗醉酒的題材，但閱之只覺得可愛，然而此劇本上的情節卻令人覺得可厭，因此並沒有流傳下來。不過這種鄙視鍾馗的觀念，正是承襲了元雜劇中撕毀鍾馗畫的行為而來，可見當時鍾馗的地位已經不是十分神聖。而劇中的醫師名叫「賽無常」，與後世《斬鬼傳》的幽默手法如出一轍，二者或許有一些關係。

　　關於描寫鍾馗和妹妹的戲，民眾所喜歡的是張心其所作的《天下樂》。目前所見各地方戲中的鍾馗嫁妹情節，大多承襲此劇而來。《古典戲目存目彙考》云：「張彝宣，一名大復，字心其，一字星其。江蘇吳縣人。約清順

治末前後在世。居閶門外寒山寺，自號寒山子。名其室曰寒山堂。精通音律，好填詞，不治生產，性淳朴，亦頗知釋典[132]。」此人不治生產，專好填詞。在專心致志的情形之下，自然會有好作品產生。

提要云：「此劇亦張心其作，以五路財神為主。言此五人皆能散財濟貧，力行善事，求得甘雨，以致豐年。國家既封五路大總管，厚賜金帛。玉帝復封為財帛司五路大將軍，掌管人間利祿，令東西南北中五方，無不豐登富厚，自然天下安樂，萬世太平。故名之曰天下樂也[133]。」此戲既吉祥又歡樂，正符合過年的氣氛，無怪乎各地均有上演。

其大意如下：「杜平，字鈞卿，杭州錢塘人，累世為商，家資巨萬，父母早亡，未及婚娶。與金陵李四、錫山任安、丹徒孫立、姑蘇吳彥正，同業營生，意氣相得，願散資財普濟窮民。平拯濟江浙將遍，自往都下淮揚，而出貲八十萬，令四人分濟四方。一往滇貴，一往齊燕，一往湘楚川隴，一往閩粵。於是吳越分野，常有金光五道，互天而起。時鍾南山秀士鍾馗，與妹兒同居。聞唐高祖開科取士，欲赴京應舉，貧乏無貲。平在長明寺中，大捨錢帛穀米，馗聞其名，詣寺訪之。平即邀至家中，贈百金為資府，佐以寶劍。馗為人好剛使氣，乘醉入寺，寺僧方為杜平作瑜珈道揚，延請法師施食。馗見大詫，以為妖誕，毀榜毆僧。且謂平曰：人之禍福在天，何得託名于鬼。若鬼果能作禍于人，是為害人之物，必當盡殺而啗之。諸餓鬼

訴于觀音大士，大士知其正直，後將為神。而怒其謗佛，乃令五窮鬼損其福，五厲鬼奪其算。馗赴京，旅次痁瘧，及稍愈，由徑道往長安。夜抵陰山窮谷中，為眾鬼所困，變易形狀，紺髮墨面，叢生怪鬚，塞土於口而去。馗入京就試，獲中會元，殿試之時，以貌醜被黜，自觸隕身。大鬧酆都，奏知玉帝，玉帝憫其正直無私，懷才淪落，封為驅邪斬祟將軍，領鬼兵三千，專管人間祟鬼厲氣。初，馗之赴舉也，平厚賙其家，且使婢為其妹役，馗深感之。平以貿易入都，馗方登第，以妹許平，未及嫁而馗為神。時天子御朝，八方王子萬里入貢，云賭五道祥雲，輝映中國，而其時適三月不雨，有旨問袁天罡，五雲之瑞，應在五人。及召平等入見，平訟馗冤，請為立廟褒封，三日甘霖必沛。乃贈馗狀元，而令平等禱雨，如期雨降，遂拜平天下五路大總管。馗踐前約，親率眾鬼，笙簫鼓樂燈火車馬，自空而下，以妹嫁平。五人復受玉帝之敕，為五路大將軍。又令多寶天尊，賜以天女繡花雲蟒五件，辟邪金盔五頂。其僕招財、利市，俱得並封。（按劇，利市本平之僕，招財故為盜，嘗劫平，及聞平名，投刃請事，遂為平僕。）[134]」

提要並有考證云：「江浙人家有茶筵之祀，所奉於堂上者，曰五通神，亦謂之五聖，而謂五路為下塵，有隨祀之列。相傳明太祖用兵，五通神默助，太祖許以一箭地為立廟。及即位，乃以箭立表而祀之，故五通之廟，高只三四尺許，室只一間。然江浙處處皆是。田汝成云，杭人最

信五通，姓氏源委，俱無可考，但傳其神好矮屋，五神共處，配以五姨，西冷尤甚。今劇稱杜平為錢塘人，或本五聖之一，而移於五路，未可知也。[135]」

由考證中可看出鍾馗此時已和五通等信仰結合。而此戲中有「五窮鬼損其福」，又有韓愈〈送窮文〉的影子。不過此戲最大的貢獻在於確立了鍾馗嫁妹的故事情節，後世的嫁妹故事全都由此承襲而來。此外，劇中也為鍾馗的貌醜想了一個藉口，說它貌本不醜，乃是因外力陷害而頓變醜陋。這點枝節加入得恰到好處，正好增加了鍾馗命運的悲劇性，也使得觀眾更加同情它的遭遇。這個劇情再和應舉不捷互相結合，鍾馗真可以說是天底下命運最坎坷的人了。但也正因為有這些令人悲憤的事，才更突顯出嫁妹的歡樂和喜悅。作者巧妙的結合了大悲與大喜兩種情緒，將其融化於同一部戲裡面，如此充滿戲劇衝突的戲，也難怪會受到各地觀眾的喜愛了。

以寫鬼聞名的蒲松齡，則著有《鍾妹慶壽》一本。原本是鈔本，「中山大學藏。《柳泉蒲先生墓志》碑陰，著錄此劇簡名[136]。」蒲松齡功名失意，且自謂「五十餘猶不忘進取。」故聊齋志異卷首自誌謂「寄託如此，亦足悲矣。」他寫此劇似乎也有言外之意。大意如下：鍾馗生日，其妹不知該送什麼禮物。遂心生一計，喚肥壯愚笨的大鬼一頭，挑小鬼與鍾馗祝壽。明著說挑擔者有賞，暗地裡卻修書一封，囑其兄若嫌小鬼太少，大鬼亦可食用。鍾馗覽信大樂，命一齊推去烹煮。吃鬼飲酒時並有眾鬼表演

作五鬼鬧判介，結束[137]。

本劇乃是敷衍明趙南星《笑贊》中的故事而來，其文曰：

> 鍾馗專好吃鬼，其妹與他做生日，寫禮帖云：「酒一尊，鬼兩個，送給哥哥做點剁；哥哥若嫌禮物少，連挑擔的是三個。」鍾馗命人將三個鬼俱送庖人烹人。擔上鬼看挑擔者曰：「我們死是本等，你如何挑這個擔子？」
>
> 贊曰：挑擔者不聞鍾馗之所好耶？而自投鼎俎，此文種韓信之流也。若少伯子房，可謂智鬼矣[138]。

齊白石亦有〈鍾馗小妹壽兄〉圖，畫一大鬼挑擔，內有小鬼數名[139]。可見這個故事很受喜愛。

又有《太乙仙夜斷桃符記》一劇，題目作「門東娘心順成婚配，老相公驚散鴛鴦會」；正名作「狠鍾馗拿住兩妖精，太乙仙夜斷桃符記」。簡名《桃符記》。鍾馗的戲份不多，在全劇即將結束時才出現。劇中寫鍾馗被上仙責罵，並問它要鬼。鍾馗則唯唯地說：「上仙息怒，小聖不拘那裡，拿來便了也[140]。」一副奴才樣，毫無觸死殿階的氣魄。蓋此劇名為桃符記，上一章所提門神不受重視的情況，在此一覽無疑。

《古典戲曲存目彙考》，中編雜劇五，清代作品項下有《鍾馗嚇鬼》一劇。云：「此劇未見著錄，見汪應憲《積山雜記》，佚。沈玉亮，字瑤琴，一字亦村。浙江武

康人。于詩古文外，兼長譜曲，舉錢塘洪昇齊名。沈屢困場屋，作《鍾馗嚇鬼》套曲，約清康熙中前後在世[141]。」由於劇本已佚，難以瞭解其故事梗概。

平劇中的《鍾馗嫁妹》，則是承《天下樂》而來。大意如下：「鍾馗上京應試，誤入魔窟，貌頓變醜陋，以致被唐王黜革不准預考，羞忿自裁。死後經玉帝敕封為驅邪斬祟之神。同里秀才杜平，仗義埋鍾馗骨，並轉奏唐皇封馗為終南山進士。馗感其德，且因生前曾以妹許杜，遂於夜間率鬼卒，備笙簫鼓樂，琴劍書箱，折返故里，欲送妹出閣，與杜平成就百年之好。妹初以無冰人，不肯出嫁；復商得婢女為媒，妹始願往。適杜平舉進士，授官，奉旨還鄉祭祖。鍾馗遂送妹至杜家成婚[142]。」另據《京劇劇目初探》云：「何桂山代表作。川劇、滇劇有《鍾馗送妹》，另有全部《鍾馗》，同州梆子亦有此劇目[143]。」可見此劇流傳之廣，全國由北到南均有演出。

另有《九才子》一本，則是把許多不同來源的鍾馗故事組合起來。大意如下：「舉子鍾馗有妹，曾許向榮為妻，鍾馗進京赴試，囑妹照料門戶。鍾馗途中宿王老好家，王夫妻口角，縊鬼乘機誘王妻自盡，鍾馗窺見，救活王妻；復至河岸，見溺鬼引一醉漢投河，馗又道破實情，醉漢因免于死。縊溺二鬼恨鍾馗，欲害之，為迦藍神所護持，但面目已為鬼氣所傷，頓變醜陋。鍾馗入闈，文章為正副主考韓愈、賀知章所賞識，拔為第一。唐王以鍾容貌醜陋，不予點元。權臣盧杞原欲自為主考，以援引同黨，

其謀未遂，乃乘機譖害鍾馗。鍾馗文武兼備，因唐王不用，羞忿自刎。唐王悔，葬鍾馗以狀元禮，並封為伏魔降鬼尊神。馗死後，又受玉帝敕封。閻羅王荐含冤負屈二鬼供其驅策，並撥五百陰兵供調遣。馗問閻王何處多鬼禍。據告：陰司鬼有管束，陽世鬼無管束，為禍至烈。負屈則歷述陽世有形無形之鬼祟等等。鍾馗乃偕含冤、負屈往人世尋鬼。有高傲鬼常在天齊廟索食作祟，適鍾馗求宿，遂為寺僧治之。高傲鬼既敗於鍾馗，眾鬼均來助戰，以致毒傷鍾馗。幸得彌勒佛將高傲等四鬼吞食；閻羅又遣蝙蝠鬼送藥至，鍾馗始得救。機靈鬼脫逃後，復糾集金、木、水、火、土五鬼報仇，鍾馗力伏五鬼，收供驅使。鍾馗以離家日久，其妹尚未出閣，乃決意回家料理其妹婚事。既歸，恐妹懼己，乃詭稱以中狀元，不日將赴任，促妹即完婚。妹許之。鍾馗命眾鬼畀妹送向榮家，親視禮成乃去。」據《京劇劇目辭典》云：「李萬春藏本。又名《全部鍾馗嫁妹》。另加附錄。前十八場及附錄為京劇，第十九場，即昆曲《鍾馗嫁妹》。劇中人物不甚統一。李本鍾馗妹嫁向榮；第十九場忽嫁杜平，人物情節均與昆曲本同。因此劇迷信色彩濃厚，1951年文化部宣布停演。1956年10月5日開禁[144]。」

此戲中的含冤負屈二將，以及上陽間捉鬼和彌勒佛吃鬼的情節，乃是由《斬鬼傳》而來。嫁妹的情節又是由《天下樂》而來。而權臣援引同黨使鍾馗落榜，以及五鬼之事則早見於明雜劇《慶豐年五鬼鬧鍾馗》。劇本雖然東

拼西湊，還出現前後人名不一的情況，但卻是目前所見最
完整的一個故事。幾乎所有著名的鍾馗故事都在其中，包
含了它的出身、斬鬼、嫁妹、五鬼鬧判等。

　　鍾馗在平劇中有獨特的造形，據《中國京劇服裝圖
譜》云：「鍾馗衣，專用於神話劇人物鍾馗。按傳說，鍾
馗為人耿直剛烈且具有文韜武略，曾考中武舉人，但因相
貌長得醜陋，竟被取消了功名。他一怒之下撞墻而死。死
後到了陰間，閻王憐惜他的才學和品格，授以官職，專司
陰間不平之事。這個神話人物在中國傳統繪畫中是以文官
形象展現的：黑臉虯髯，身穿官服，頭帶紗帽，但是在傳
統京劇中卻塑造得十分奇特。鍾馗衣由紅官衣和三尖領、
靠甲等兩部份構成，以紅官衣為主體，以戎服的部份物件
作為輔襯。文武因素相融合，象徵了人物的文武全才。他
的飾物不用玉帶，而改繫花臉用的鸞帶，與角色行當和剛
烈性格取得了一致。在人物形體上，加用墊肩和墊臀等輔
助性服裝物品，使人體變形，象徵人物形象醜陋。它的官
服袖式也很別致；左帶水袖，右無水袖而繫住袖口，袖口
上直立一個尖細物，象徵右手的第六指。總起來看，鍾馗
衣的造型體現了人物身份、品質、性格及生理的綜合特
徵，所選用的是具有象徵性的藝術誇張手法，人物被塑造
得十分生動，既醜陋又可愛。它是京劇傳統服裝中"紊亂
美"的一個典型。足登方頭厚底靴[145]。」

　　平劇中的鍾馗造形，已經是經過藝術加工的形象。不
僅服裝融合了文武雙全的含意，還加上第六指，象徵其外

形之古怪。

　　除此之外，鍾馗的臉譜也是極有趣的。據高戈說：「鍾馗的臉譜，是數百個臉譜中最特別的一種，它的勾法是把臉部從眉毛間分成上下兩段，即中間有一拱形的白色線條隔成了上下兩段，上段是腦門，應勾紅色，那是象徵他是碰死時的一片血色。在白線條之上勾兩道尖形眉子，有的勾紅色，有的勾黑色，如果以鬚髮一色的原則來講，黑色較為合理。腦門上，本來沒有什麼圖案，但後來也有人勾上一個『蝠』形圖案，表示『恨福來遲』之意。也有勾上一個古『壽』字圖案的，那則是相反的『不壽』之意。」「眉際的白線條之下，即為眼窩，它的勾法，也有多種，有的勾成反正橢圓形的白眼圈，也有勾成向兩側旋轉式的黑白兩色的花紋。鼻子的勾法要特別闊大，將原來的鼻孔擴大為弧形或是大紅點子，這是表示翻鼻孔的陋相。鼻窩的形狀看上去是上凸下凹，也有勾成蝠式的。膛子的用色，有的勾黑，有的勾紫，黑色嚴肅，紫色美觀。如以美術的眼光來看，紫膛臉比較明顯而生動。總之這個臉譜的形象，是相當醜陋猙獰的，但由於鼻窩和眼窩線條的配合恰到好處，看上去極富動律之美。又因為此種臉譜的鼻綜合的形狀一如『蝶翅』，而腦門上的兩道尖細眉子像『蝶鬚』，如果除去了紅色的腦門和紫色的膛子，頗似一隻絢爛的蝴蝶，所以又名『蝴蝶臉[146]』。」

　　鍾馗的臉譜已經有藝術上的講究，而且把鍾馗的死因及繪畫上的題材都包括在內。鍾馗的形象發展至此，已經

不是當初那個「銅頭鐵額」的原始驅儺裝束可比的了。

　　演員們在鍾馗的服裝及臉譜上下了許多功夫研究改良，在最重要的表演上，自然也會有一些講究和心得。崑曲名演員侯玉，曾以自己在舞臺上的體會，將《嫁妹》中的鍾馗表演分成不同的四段來要求：

> 　第一段，「美像」。開場是在鍾馗帶領鬼卒回家的路上，他要回家接妹子送往杜家完婚。眾鬼卒拿著笙簫鼓樂、琴劍書箱，精神抖擻，前呼後擁地跟著鍾馗。這一段要求表達他在路上遇到的自然景致而產生的愉快心情，因此，表演上要抓住「美像」這個特點。
>
> 　第二段，「悲像」。他過了小橋，到了家門，「又只見門庭冷落倍傷情」；進門見到妹子後，他更覺傷情，因為他受了莫名的冤苦，見到親人當然要傾訴痛苦。
>
> 　第三段，當妹子問起他的遭遇，一直到把自己的遭遇原原本本說完為止，都是「怒像」。這時要著重表現他滿懷不平與憤怒，動作與唱詞都要激昂慷慨，不再帶著第二段那樣的「悲像」。
>
> 　第四段，「喜像」。鍾馗在敘述完了自己的遭遇以後，直到劇終，劇情便都是環繞著嫁妹這樁喜事了，因而這一段要「喜像」。特別是在妹子答應了婚事，鍾馗去更衣以後，他的一切身段腔調，便都要求「喜像[147]」。

可以看出，這些要求都是應劇情之要求而來。這自然就是故事對戲劇表演的影響了。

梆子戲中有《天下樂》一本，內容與張心其的作品大致相同，不過它包含了一個獨特的鍾馗出身故事。據《中國梆子戲劇目大辭典》甲編，明清劇目云：「唐太宗時，北遼犯境，駙馬鍾文魁奉召赴邊。入辭公主，時有黑虎精變已容貌在宮，欲亂公主。鍾入見狀，知為怪，拔劍劈擊，遇天雷殛妖，鍾面被雷火撲燒，儀容頓易獰惡，唐王見之，驚認為魔，鍾力辯未釋其疑，遂奮觸金階而死。鍾魂歸冥界，後唐王夢遊地府，遇諸多亡魂向彼索命，鍾為解救，王免于難，乃封鍾為伏魔大帝。鍾受封後，憶及其妹蘭英，曾與原郡杜平訂有婚約，今妹已年長，杜亦奪得首元榮歸故里，鍾夜返家園，送妹至杜府與杜平完婚。此劇又名《鍾馗嫁妹》。蒲州梆子劇目。小生、淨角由一人飾演，唱做並重。此本傳奇，久已散失，僅存《嫁妹》一出，分四場。蒲州梆子已無全本，僅演《嫁妹》。文革中劇本佚[148]。」

在日本能樂中也有鍾馗故事，據說「《能樂曲》中曾經記載一段有關鍾馗的內容，它說鍾馗是唐朝終南山麓的人，因為有重要的事情想要上奏京城。在路途上，神靈告示鍾馗，於是鍾馗發誓要撲滅惡鬼來保護國土。到達京城，皇帝召見他時，宮門出現奇瑞之事，鍾馗即刻跑到後宮後，拔出寶劍，光芒萬丈，威光四射，邪鬼現出原形，逃竄而去[149]。」不過筆者並沒有找到這個故事的原本，目

前僅見到兩齣內容不大相同但均演鍾馗的戲，一名《鍾馗[150]》，大意如下：「終南山麓有人有事想上奏皇上，要到京城。在路途上行走之時，忽然悽風大作，路人感到害怕，連忙唸法華經。此時鍾馗就忽然出現，說：你們這些惡鬼，難道不知道我發誓要保衛國土嗎？並拔出寶劍，發出日月為之失色的光芒，惡鬼就逃走了。鍾馗就拜託路人代為稟奏皇上說，它當初本想自殺，但在一念之間改變了心意而去向佛，並發誓言要保衛國土，如果國君行仁政的話，它就會在宮中出現保護國王。」

另一齣名為《皇帝[151]》，大意是說：「楊貴妃生病，唐明皇正在煩惱，鍾馗之靈就出現，並且說它當初因為沒有考上進士而自殺時，玄宗曾賜它高官，給予厚葬。它為了報恩，要來治貴妃的病。它就在貴妃的枕頭旁邊，擺一個明王鏡，果然病鬼的身影就照在其中。玄宗看到這個病鬼，就拔出刀來，正要砍它的時候，鬼就消失了。此時鍾馗的靈魂又出現，並拿出寶劍，把那個病鬼切碎。結果貴妃的病就好了，鍾馗之靈就和皇帝等人約好，以後將會做他們的守護神，然後其身影就如夢般消失了。」此戲和高承的故事頗像，只不過生病的人改為貴妃，殺鬼的方法改為用劍。並且有能照鬼物的鏡子。而鍾馗能殺鬼及保護皇帝的能力，還有忽然消失的情節則未改變。

這兩齣戲都說鍾馗是用寶劍殺鬼，《鍾馗》這齣戲甚至說那些惡鬼的神力之所以會消失，完全是因為鍾馗的寶劍有很強的威光之故。另外《皇帝》這齣戲則有日本人寫

的考證說，這齣戲也許是由於繪畫的流布而來編的，因為在日本的傳統文獻上並沒有鍾馗的傳說。如果真是如此，那麼先前所說鍾馗由於繪畫而廣為人知的推論，就是放諸四海而皆準的道理了。

中國地方戲中另有不演嫁妹，而偏重其捉鬼功能的其它劇目，邱坤良即記有福建古田、屏南一帶流行的北路戲、四平戲的「開台」，出現的腳色包括玉帝、玉靈官、趙玄壇、城隍、鍾馗及田都元帥及眾鬼。其中第四場是玉帝命鍾馗至人間收服擾亂的五方鬼，第五場則演鍾馗捉鬼，關目排場如下：

（鍾馗跳台）

鍾馗：（唸）青天做事不可欺，凡人做事我先知。善惡昭彰終有報，只等來早與來遲。（白）吾乃鍾馗是也，玉帝命我下凡收服五方鬼族，就此前往便了。

（下）

五方鬼：（唸）【撲燈蛾】本境起蓋新寶台，擾亂人間喜開懷。聞得鍾馗下凡來，你我兄弟快躲開。

中方鬼：聞得鍾馗下凡，捕捉你我，弟兄們，速速逃難去也。

鍾馗：（上）那裡逃！（鍾馗追鬼卒下）

（鍾馗追鬼卒上，收鎮五方、亮相，吹【風入松】）

鍾馗：嘟，大膽五方，有敢人間擾亂，天規難容。

五方鬼：大王饒命，我等情願改邪歸正。

鍾馗：既願改邪歸正，隨我身邊聽候發落。

　　　五方鬼：是。

　　（眾鬼戲鍾馗，鍾馗調鬼，眾笑介，下[152]）

　　此外，在明代的《新編目連救母勸善戲文》卷下也有鍾馗的出現，但只佔全書的一小部份。演鍾馗在地獄中出現，自報姓名及身世後，便開始審判眾鬼[153]。另外據說南通如皋有《鍾馗戲蝠》的戲，劇中的「鍾馗」是集木偶、傀儡、燈彩於一身[154]。雖不知如何表演，不過由此可見民間藝師的創造力是十分豐富的。如果所表演的內容受到大家的肯定，將來也有可能成為新的故事藍本。

第四節　小結

　　鍾馗在文人畫上發展了有志難伸的落魄文人形象，這點使它能夠以一個鬼的身份卻能夠存在於文人世界中，而且還因此引發了文人在這個形象上大作文章，周耘評龔開〈中山出遊圖〉的文字正表現了這種心態，其文曰：

> 翠岩龔先生，負荊楚雄俊才，不為世用，故其胸中磊磊落落者，發為怪怪奇奇，在毫端游戲。氣韻筆法，非俗工所可知。然多作汗血，老驥伏櫪，態度若生，蓋志在千里也。寫中山出遊圖，鬒君顧盼，氣吞萬夫。興從詭異雜沓，魑魅束縛以待烹。使剛正者睹之心快，奸佞者見之膽落。故知先生之志，在掃盪兇邪耳，豈以清玩目之[155]。

　　而民間年畫上則要求鍾馗履行驅鬼的職責並且在畫

上加入許多象徵喜慶的物品。由於在繪畫上不斷發展新畫題，也使得某些受歡迎的題材成為小說戲曲編故事的來源。

　　文人的詩文則多半強調落魄文人的形象，對鍾馗斬的鬼怪也將之擴大到世間的惡人。這點對於後代的鍾馗小說有極大的影響。

　　鍾馗在戲曲則有自己獨特的故事，尤其是嫁妹，更廣布到全國，各大劇種幾乎都有。這些故事也就依附著戲曲的留傳而存在。

附註：

1. 《宣和畫譜》（臺北：文史哲出版社，畫史叢書，民國六十三年三月初版），頁四六。
2. 同上註。
3. 蔣勳：《美的沉思》（臺北：雄獅圖書股份有限公司，民國七十五年三月二版），頁八一。
4. 張彥遠：《歷代名畫記》（臺北：文史哲出版社，畫史叢書，民國六十三年三月初版），頁十。
5. 任半塘：《唐戲弄》（臺北：漢京文化事業有限公司，民國七十四年九月二十日初版），頁九三一。
6. 郭若虛：《圖畫見聞誌》卷二（臺北：廣文書局，民國六十二年六月初版），頁六五。
7. 同上註，頁九六。
8. 黃休復：《益州名畫錄》（臺北：文史哲出版社，畫史叢書，民國七十四年九月二十日初版），頁一三九七。
9. 《古小說鉤沉》，前引書，頁二五五．
10. 郭若虛，前引書，頁二五二～二五三。
11. 黃休復，前引書，頁一三九八。

12. 郭若虛，前引書，頁二五二~二五三。
13. 李文漢，前引書，頁十九。
14. 顧錄，前引書，卷五頁三。
15. 李文漢，前引書，頁三四。
16. 孟元老，前引書，頁六一。
17. 吳自牧，前引書，頁一八一。
18. 同上註。
19. 周密，前引書，頁三八四。
20. 同上註，頁三八三。
21. 劉若愚，前引書，頁五〇四。
22. 李家瑞編：《北平風俗類徵》（臺北：商務印書館，民國二十六年五月），頁一一四。
23. 同上註，頁一一五。
24. 徐華龍，前引書，頁二三八。
25. 顧錄，前引書，卷五頁二。
26. 《燕京歲時記》，前引書，頁六二。
27. 同上註，卷五頁三。
28. 同上註。
29. 姚福均：《鑄鼎餘聞》（臺北：學生書局，中國民間信仰資料彙編第一輯，民國七十八年十一月景印出版），頁三八四。
30. 同上註，頁三八三。
31. 李薦：《德隅齋畫品》（臺北：新興書局，筆記小說三編，民國六十三年五月），頁一四六〇。
32. 劉芳如：〈畫裡鍾馗〉，《故宮文物月刊》（民國七十八年），頁六。
33. 李薦，前引書，頁一四五九。
34. 郭若虛，前引書，頁七六。
35. 王樹村：〈略說鍾馗畫〉，《鍾馗百圖》（廣州市：嶺南美術出版社，一九九〇年十月第一版），頁七。
36. 同上註。
37. 同註一，頁七十。
38. 同註一，頁四六。

39. 劉芳如，前引文，頁六。

40. 同上註，頁八。

41. 同上註，頁十。

42. 同上註，頁九。

43. 同上註，頁十三。

44. 沈平山，前引書，頁一八七。

45. 王蘭西主編：《鍾馗百圖》（廣州市：嶺南美術出版社，一九九〇年十月第一版），頁十七。

46. 同上註，頁十九。

47. 同上註，頁十八。

48. 同上註，頁二十。

49. 劉芳如，前引文，頁十三。

50. 同上註，頁十四。

51. 同上註，頁十五。

52. 同上註，頁十六。

53. 楊永青：《歷代寫意人物畫欣賞》（上海：上海人民美術出版社，一九八五年五月第一版），頁一二五。

54. 王蘭西，前引書，頁五三。

55. 同上註，頁二七。

56. 同上註，頁二九。

57. 同上註，頁三十。

58. 同上註，頁三二。

59. 同上註，頁二八。

60. 同上註，頁三三。

61. 同上註，頁三五。

62. 同上註，頁三七。

63. 同上註，頁三九。

64. 同上註，頁四一。

65. 同上註，頁四二。

66. 同上註，頁五七。

67. 劉芳如，前引文，頁十七。

68. 同上註，頁二九。

69. 同上註，頁三二。

70. 同上註，頁七。

71. 同上註，頁十二。

72. 同上註，頁三一。

73. 同上註，頁二八。

74. 蔣勳：《美的沉思》（臺北：雄獅圖書股份有限公司，民國七十五年三月二版），頁八七。

75. 見王世貞：《弇州四部稿》卷一三八，頁二八一。

76. 見《中國畫論類編》（臺北：河洛出版社，民國六十四年五月初版），頁五七六。

77. 王樹村：《中國民間年畫史圖錄》（上海：上海人民美術出版社，一九一一年八月第一版），頁一〇一。

78. 同上註，頁一三六。

79. 同上註，頁二二七。

80. 同上註，頁二四二。

81. 同上註，頁四六二。

82. 王闌西，前引書，頁一〇二。

83. 同上註，頁一〇八。

84. 同上註，頁一〇五。

85. 王樹村，前引書，頁五〇九。

86. 王闌西，前引書，頁一〇〇。

87. 王樹村，前引書，頁六〇二。

88. 同上註。

89. 王闌西，前引書，頁一一二。

90. 同上註，頁一一一。

91. 同上註，頁一一〇。

92. 同上註，頁一〇九。

93. 同上註，頁一〇四。

94. 同上註，頁九八。

95. 同上註，頁九六。

96. 同上註，頁九五。

97. 顧錄，前引書，卷五頁三。

98. 王樹村，前引書，頁一〇一。

99. 《明清民歌時調集》（上海：上海古籍出版社，一九八七年九月新一版），頁八〇八。

100.高戈平：〈漫談國劇臉譜〉，《國劇月刊》（第三十期，民國六十八年六月），頁三五。

101.《歷代神仙通鑑》，前引書，頁二三八九~二三九〇。

102.藤原愣山：《水墨畫法人物、器物》（臺中：大藏文化書業有限公司，一九八五年六月二十日初版），頁八七。

103.趙景琛曾解釋說：「每每因為一個人有名，許多不是他的故事也都附會到他身上來，正如同蒲公英的種子飄到那裡便是那裡。」見王顯恩編：《中國民間文藝》（上海文藝出版社，影印本，一九九二年三月），頁二四六。

104.吳承恩：《吳承恩詩文集》（臺北：河洛圖書出版社，民國六十四年九月臺景印初版），頁十七。

105.程敏政：《篁墩文集》卷七二，頁五一七。

106.同上註，卷八十，頁六一七。

107.黃仲昭：《未軒文集》卷十一。

108.劉基：《誠意伯文集》卷四，頁九四。

109.李曄：《草閣詩集》卷二，頁二三。

110.朱存理，前引書，頁九六二。

111.見大方：〈鍾馗故事的衍變〉，《大陸雜誌》第四卷第十一期，頁十七。

112.見《古今圖書集成·神異典》，第四十七卷神像部，頁五三九。

113.同註，頁九五八~九五九。

114.同上註，頁九六〇。

115.同上註。

116.同上註，頁九六一。

117.同上註，頁九六二。

118.鄭真：《滎陽外史集》卷五十，頁三三八。

119.唐寅：《唐伯虎全集》（臺北：東方書局，民國四十五年五月初版），卷六頁十。

120.凌雲翰：《柘軒集》卷三，頁八二六。

121.陸游：《劍南詩稿》（臺北：中華書局，陸放翁全集，民國五十五年三月臺一版），卷六十五頁八。

122.同上註，卷四十九頁十二。

123.同上註，卷六〇頁十一。

124.見《東京夢華錄外四種》序引夏承燾《唐宋詩人年譜》，頁三五八~三五九。

125.陶宗儀：《輟耕錄》卷二十五（臺北：世界書局，民國五十二年四月初版），頁三六六。

126.曾師永義〈中國古典戲劇的形成〉，《中國古典戲劇的認識與欣賞》（臺北：正中書局，民國八十年十一月臺初版），頁三十一。

127.孟元老，前引書，頁四三。

128.鄭振鐸：《中國俗文學史》（臺北：臺灣商務印書館，民國八十一年十一月臺一版），頁三二。

129.《慶豐年五鬼鬧鍾馗》（臺北：鼎文書局，全明雜劇本，民國六十八年六月初版），頁六一八七~六二五三。

130.《曲海總目提要》（臺北：正光書局，民國五十八年四月出版）頁五四一。

131.同上註。

132.莊一拂編著：《古典戲曲存目彙考》（上海：上海古籍出版社，一九八二年十二月第一版），頁一二一九。

133.《曲海總目提要》，前引書，頁一〇三三。

134.同上註。

135.同上註。

136.同註一三三，頁七二八。

137.《蒲松齡集》（上海：上海古籍出版社，一九八六年新一版），頁八一七~八二〇。

138.趙南星撰《笑贊》，《中國笑話畫》（臺北：世界書局，民國七十三年九月七版），頁二一一。

139.見蔣勳：《齊白石-文人畫最後的奇葩》（臺北：雄獅圖書公司，民國七十一年二月），頁二四。

140.《太乙仙夜斷桃符記》（臺北：商務印書館，孤本元明雜劇第十

冊，民國六十六年十二月臺一版）

141. 莊一拂，前引書，頁七二三。

142. 曾白融主編：《京劇劇目辭典》（北京：中國戲劇出版社，一九八九年六月北京第一版），頁四四八。

143. 陶君起：《京劇劇目初探》（北京：中國戲劇出版社，一九六三年八月第一版），頁一六四。

144. 曾白融，前引書，頁四四九。

145. 中國戲曲學院編：《京劇服裝圖譜》（北京：北京工藝美術出版社，一九九〇年十一月第一版），頁二三二。

146. 高戈平，前引文，頁三三～三四。

147. 侯玉山：〈怎樣演「鍾馗嫁妹」〉，《國劇月刊》（第五十二期，民國七十年四月），頁十八～十九。

148. 《中國梆子戲劇目大辭典》（太原：山西人民出版社，一九九一年十一月第一版），頁二一五～二一六。

149. 洪立曜編著：《鍾馗百態》（臺北：常春樹書坊，民國七十四年三月出版），頁八。

150. 佐成謙太郎：《謠曲大觀》（東京：明治書院，昭和六年一月印刷發行），頁一四四九。

151. 同上註，頁九八九。

152. 邱坤良：〈臺灣的跳鍾馗〉，《民俗曲藝》第八十五期，民國八十二年九月出版，頁三五七。

153. 《新編目連救母勸善戲文三卷》卷下（臺北：天一出版社，全明傳奇本，不著出版年月），無頁次。

154. 殷亞昭，前引書，頁二四三。

155. 朱存理，前引書，頁九六三。

第五章　鍾馗故事的進一步發展
——三本鍾馗小說

明清之際，長篇小說興起。而章回小說的體裁極適合將許多故事湊合起來，成為一長篇。鍾馗故事以這種體裁為基礎，加上它的各種造型及題材在繪畫和戲曲上都已經出現，社會上也有以鬼形容惡人的詞組存在，在各方面的條件配合之下，終於發展出長篇的鍾馗故事，也就是以下這三本鍾馗小說。

第一節　鍾馗全傳

這是目前所見最早的一本以鍾馗為主角的小說，書中充滿了神鬼地獄等思想。本書卷一題「書林安正堂補正，後街劉雙松梓行」。《古本小說叢刊》前言云：「書林是福建建陽崇化里的地名，安正堂則為明代建陽劉氏開設的書肆。北京圖書館藏有《鍥王氏祕傳知人風鑒源理相法全書》，題『閩建安正堂雙松劉朝琯鍥梓』，他在萬曆年間刊刻了不少書籍。《鍾馗全傳》當亦刊刻於萬曆年間[1]。」原書藏於日本內閣文庫淺草文庫，為海內惟一孤本。

此書共分四卷，共有三十三條標題，大致上每個標題一則故事。故觀其標題便大略可知內容，亦可知全書的結構，小說的標題及梗概如下。阿拉伯數字為筆者所加，目的是為了看來更清楚。

卷一：

1. 鍾惠夫婦花園遊玩：鍾惠與妻潭氏因無子嗣，二人建醮祈求，並廣作善事。忽一夜，潭氏夢吞紅日，遂得一子。

2. 鍾惠夫婦與兒取名：因為此子是因為夢吞紅日而生的，故鍾惠將他取名為鍾馗。

3. 鍾惠夫婦議兒就學：鍾馗年紀漸長，父母欲將他送入學堂從師。

4. 鍾惠入館從師：鍾馗入學之後，頗有進益。

5. 遊玩龍舟：一日先生不在，諸生遊玩，獨鍾馗潛心於學。

6. 習學舉業：鍾馗改學，求教於南華先生，學業日有精進。

7. 帝試鍾馗：玉帝派總管下凡試鍾馗，若立身不苟，將假以大任。而鍾馗果然奉道持公，心地正大光明。

8. 求醫療病，鍾惠病重，遂建醮祈保，果獲天神賜仙丹一粒而愈。

9. 帝試鍾馗：鍾惠五十壽誕，宴客之時，張憲許女與鍾馗為妻。（此回標題應是錯刻）。

卷二：

1. 帝賜筆劍：玉帝賜鍾馗筆劍，命他斬天下之妖魔。是夜本處邪魅均來跪拜。此後當地的邪祟便不再危害地方。

2. 送禮求婚：鍾家送禮過聘，張憲拜受，並將鍾馗留下讀書。一年後正值大比之秋，鍾馗遂前往應試。

3. 雷擊雉精：路上有一雉精迷人，鍾馗寫文一紙，對天焚之，復將寶劍一擊，雉精立死。

4. 立斬石馬：又有一石馬精殘害人民，馗至即以寶劍斷石馬之頭，石頭精即血流滿地而死。

5. 收除鱉精：有鱉精變美貌妓女迷人，鍾馗欲斬之，卻遍尋不著。乃向天禱祝，上帝即遣城煌率兵將鱉精搜出，解送鍾馗斬之。

6. 赴試不捷：鍾馗落榜，前往終南山讀書。路上有一老者因兒子媳婦不孝，而淪落乞食。鍾馗上疏天庭，是夜便有天雷將不孝子媳擊死。

卷三：

1. 超度秀英：鍾馗至終南山讀書，其妻遂憂悶而死。鍾馗聞之，即作文一紙而祭之。（以下原脫一葉）鍾馗已死。並奉玉帝旨意，巡查冥司。

2. 刀山地獄：鍾馗至秦廣大王第一殿，有刀山地獄。但見刀尖猶如麻林，山上之冤魂，有釘其手者，有釘其足者。內有一鬼喊冤，乃因陰兵得錢賣放，捉生替死，罪出無辜。鍾馗乃著令本司，嚴拿正身，重治陰兵。

3. 寒冰地獄：鍾馗又至初江大王第二殿，有寒冰地獄。但見冰山如玉，水流如注，滾滾滔滔流將下來，魂啼啼哭哭者不可勝數。

4. 鋸解地獄：至宋帝大王第三殿，有鋸解地獄。第二卷中遭電擊死的不孝子就在此殿。此處又有望鄉臺，上有冤魂日夜啼哭。

5. 磨磨地獄：至伍官大王第四殿，有磨磨地獄。見作惡之人均被推入磨眼，即刻粉身碎骨，形如豆腐，血流滿地。

6. 沸油地獄：至閻羅大王第五殿，有沸油地獄。但見大力鬼將四五個冤魂丟入油鍋，叫聲不絕。又見小鬼各執鐵鉤搭出冤魂之肉，作飯而食之。

7. 碓搗地獄：至變成大王第六殿，有急腳關，許多夜叉將冤魂打趕得急走如飛，路上俱是蒺藜碎石，冤魂痛哭亂奔亂走。又有碓搗地獄，見小鬼將冤魂放入碓搗，其骨如粉，其肉如泥。

8. 割舌地獄：至泰山大王第七殿，見廊下椼柱萬萬千千，柱上綁著冤魂，叫苦連天。小鬼各將鐵鉤，鉤出眾人舌頭，以刀割之，人人鮮血淋淋。

9. 稱秤地獄：至平等大王第八殿，先至雷公關，內有許多鬼怪，吞食作惡之人。又至稱秤地獄，但見架子千千萬萬，將冤魂吊起，用秤稱之，以刀割其肉。

卷四：

1. 木驢地獄：至都市大王第九殿，有木驢地獄。但見大驢木馬千千萬萬，驢皆多有椼柱，將冤魂綁於其上，夜叉小鬼，各執鐵叉尖鉤，要剮冤魂之肉。

2. 轉輪十殿：鍾馗來至昇仙橋，見岳父母均在橋上。
   乃是託鍾馗之福，蒙取升天。又行至冥司轉輪殿，
   但見兩邊廊下，禽獸諸蟲，不知其數，乃是陽間不
   行好事之人所變。

3. 回轉天宮：鍾馗巡查冥司已畢，回轉天宮。上帝告
   以人間妖怪蜂起，無人可治。遂賜鍾馗降妖鐵簡一
   條，下凡降妖。

4. 誅戮山魈：木匠黃祐之妻吳氏，遭山魈所辱，黃祐
   請法師捉妖，山魈反將吳氏擄去。眾人遍尋不著，
   禱告求鍾馗幫助。是夜鍾馗即執鐵簡，將山魈擊
   斃，並引吳氏出洞。

5. 捉獲小鬼：明皇后疾作，晝夢一小鬼繞殿奔戲。俄
   見一大鬼，徑捉小鬼，刳其目，擘而啖之。乃鍾馗
   也。明皇夢覺，詔吳道子圖其像。

6. 收捉蝙蝠：蝙蝠精變作人樣，嫁與朱士貴為妻。朱
   士貴從此時常負疾。一日其父買鍾馗畫回家懸掛，
   鍾馗知其為妖怪所迷，乃持鐵簡趕入房內，將妖怪
   擊死。

7. 証除元弼：元弼欲淫朋友之妻，見其不從而殺之。
   女託夢於包公，謂堂上鍾馗畫可証。包公作文一紙
   焚之，鍾馗果至，為其作証，元弼遂擬死罪。

8. 對証盆冤：王老攜內有冤魂之烏盆向包公投訴，冤
   魂告以堂上鍾馗可為凶案見証。包公乃作文一紙焚
   之，鍾馗又至，為之作証，遂擬凶手死罪。

9. 簡擊五通：五通往人屋內盜取首飾，遭鍾馗執鐵簡
   傷其左股。（以下原闕一葉）。

此書乃是以鍾馗為主角，敘述他讀書及斬妖的經過。書
中給鍾馗安排的籍貫是「西下海州人」，而非廣為流傳的終
南山。並且有父母，名為鍾惠及潭氏，鍾馗並娶妻秀英。這
幾點安排在其它鍾馗故事中都未見，頗為特殊。另外對於鍾
馗名稱的由來，作者想了一個不通的故事來解釋：

鍾惠從夫人之言，一旦為兒取名，思想一時，乃謂其
妻曰：「昔者夫人曾夢搶吞紅日，不免將此子取名鍾馗若
何？」夫人然之。及鍾馗年將週歲[2]，……

馗字和紅日根本毫無關係，隨後出現的旭字才將作者
的意圖點破，紅日只有可能和旭字有關。他為了給鍾馗一
個神奇的出身，所以創造了「吞紅日而有孕」的情節，並
且以這段情節當作鍾馗得名之由來。「旭」和「馗」除了
字形之外，在字音和字義上毫無相似之處。英文版的《中
國神話辭典》在敘述鍾馗故事時，於英文Chung K'uei之後
用中文註明「鍾旭」。這裡和《鍾馗全傳》一樣，都將鍾
馗寫成鍾旭，但是因為這條資料是利用鍾「馗」（K' uei）
和「奎」（K' uei）星字音的相同來說明二者間的關係，若
將「馗」寫成「旭」，那就變成無法解釋了，所以也許是
排錯了字。

不過《鍾馗全傳》卻完全不是這種情形。由書中的
內容看來，這位作者根本就是有意地犯這個錯誤。因為書
中描寫鍾馗之出生乃是其母夢吞紅日所致，所以取名時，

便有這層考慮。作者以「旭」字衍生的神話當作鍾馗出身
神異之證，可見他是有意如此。然而旭字在文中只出現兩
次，其餘的篇幅中都作鍾馗。這表示作者並不在乎文章的
連貫性。他只要求表達自己要講的故事，讀者會不會發現
矛循之處並不在他的考慮之列。而他講這些故事的目的在
宣揚自己的理念，即善與惡，天堂與地獄，鬼魂存在，因
果報應等觀念。只要能做到這些要求，其餘的細節便不是
那麼重要。在這一點上，《鍾馗全傳》的作者也和前引的
鄉儺神故事的作者一樣，只想著編故事的目的，而忽略了
可能會有不合理或不合邏輯之事。

　　鍾馗的文人性格使得《鍾馗全傳》的作者花了極大
的篇幅來描寫他讀書考試的經過。這是由鍾馗曾應舉不捷
的事跡敷衍而來，前面曾提過，鍾馗的冤死，乃是瘟神信
仰的產物。而為他塑造的死因雖然有些不合理，但卻能使
許多落第文人感到心有戚戚焉。而使得這個身分不斷流傳
下來。到了此書作者，更是將許多形容聰明早慧的情節放
入，以便鍾馗能夠順理成章地考中狀元。如：

> 自是鍾馗潛心於學，無時少倦焉。忽一日，先生不
> 在在館中，諸生博奕，競相戲謔。馗佯為不知，其
> 中有一友，姓陳名標者，遂謂馗曰：「兄何勤苦之
> 若是耶？」馗曰：「聖賢學問，無不自勤苦中來，
> 未有惰而能成其事者也。試與兄論之，農不勤則家
> 無餘粟，商不勤則囊無餘資，況吾人之學乎？」標
> 曰：「兄之學而不倦，毋乃為顯親揚名計耶？」馗

> 曰：「豈但顯親揚名而已乎！吾人生於天地之間，
> 當使精衷貫日，氣節凌霜，可以對諸天地，可以質
> 諸鬼神。行與日月而爭光，名與天壤而俱敝，乃可
> 無愧於人矣[3]。」

這段文字簡直把鍾馗寫成再世聖人，一點也不像個孩子。

又如：

> 先生遂命一對：「三尺黃童須把詩書飽記。」馗不
> 假思索，當口一對：「一點赤心惟願家國安寧[4]。」

又如：

> 馗復詣東所覽閱書卷，無時少倦。心不外搖，口不
> 非言，目不斜視，身不妄動[5]。

類此之文甚多，不再一一列舉。總之，作者寫得有些過份，似乎不只要是突顯鍾馗的才學，他還要給予他如同聖人般的德性，以便上帝有理由將驅除妖邪的任務交給他。

由「帝試鍾馗」開始，是解釋鍾馗的另一個性格，即廣為人知的驅鬼能力。鍾馗故事本就是一個解釋性的神話，已見前述。而鍾馗斬妖能力的來源，自然是需要好好解釋的。故有人說是皇帝所賜，有人說是玉帝所賜。在此書中，則是玉帝賜與他筆一枝，劍一把。「紀人間之善惡，收天下之妖魔[6]。」劍在鍾馗故事中還常見，但筆卻很少出現。鍾馗雖然是文人出身，可是只聽說他帶劍帶笏，

還沒聽說他帶過筆。這支筆究竟是那裡來的？試看一張明代的鍾馗年畫，便可恍然大悟。此畫用類似今天漫畫的手法，使人一望而知鍾馗心裡正想著一棵壽桃和一支筆。顯然是張辟邪兼討吉利的年畫。此畫稱「壽比南山」，「為絹本，工筆重彩繪製，作者不詳。畫鍾馗穿朱袍，繫玉帶，左手持牙笏，右手祭出一仙桃和毛筆。是借桃為長壽象徵，筆與『比』音諧，鍾馗又傳說曾被唐玄宗封為終南山進士，因而湊成『壽比南山』之美詞[7]。」原來這支筆是由門神信仰改變之後，加入了吉祥意味的年畫而來。雖然繞了一個大彎，可是並不難理解。而民間的鍾馗畫在當時已有筆的存在，這本民間性格如此強烈的小說受其影響，是理所當然的。

　　由書上的插圖看來，鍾馗的面貌與常人無異。而在文字上的形容則是：

　　面貌奇異，體態非凡，聲如洪鐘，眼似銅鈴[8]。

又於別處寫道：

　　雙眉似劍，兩眼圓睜，面貌怪異，體格非凡[9]。

　　文字上的形容雖然較像畫上的模樣，但也未到醜陋的地步。

　　此書有很直接的民間信仰的描寫。如鍾馗之父病重，「服藥不效，九死一生。舉家大小，無不驚惶。潭氏就命家僮往興龍觀，請僧道建醮祈保[10]。」鍾馗並且作文一紙，誠心禱祝。「醮設三日夜方止[11]。」上帝憐其心誠，便派天

使拿仙丹一粒賜之，其父的病就好了。「鍾馗遂焚香合手
而拜曰：『此天神之救，吾父非凡醫所之能療也[12]。』」

據劉枝萬曾解釋「醮」云：

> 「醮」者原為祭神之義，中國古祭本有「醮」名，
> 迨漢代道教盛行以後，為道家所襲用，遂專指「僧
> 道設壇祭神」。自南北朝以迄明末，歷代朝廷多建
> 醮儀，尤盛行於明清兩代[13]。

此書既作於萬曆年間，由其情節看來，小說中所描寫
的正是建醮盛行時的民間心理。作者加入這段情節，很明
顯是在宣揚他的信念。

在卷二有「雷擊雉精」、「立斬石馬」、「收除鱉
精」三個鍾馗斬妖故事。其目的在演述鍾馗的斬妖能力，
以便符合民眾對它的信仰心理。在這三個故事之後所接的
標題是「赴試不捷」，不過仍有鍾馗替天行道的情節。
這四個故事中有三個，把鍾馗斬妖的方法描述為：修書一
封，對天焚之，上天即賜與它法力或派遣天兵助陣。充分
顯示出鍾馗的能力是上天所賜，可看出巫者降神的痕跡。
如「雷擊雉精」一段，鍾馗乃是：

> 寫文一紙，對天焚之。復將寶劍一擊，其被迷昏
> 乃狂言曰：「鍾爺在此，我當速去。」頃之天昏地
> 黑，霹靂一聲，擊死一野雉在於階前。[14]

又如「收除鱉精」一段，鍾馗找不到鱉精，也是給上
帝修書一封，上帝即遣城堭帶領陰兵鬼判，將鱉精找到，

解送天庭。然而作者必須完成鍾馗斬妖的傳統觀念，故上帝還特地交待，要將這隻鱉精不遠千里的送至凡間，等待鍾馗斬之。其故事之遷就信仰至此。又如「赴試不捷」一段，內有鍾馗殺不孝子媳的情節，鍾馗用的辦法也是：

> 誠心具疏一紙，……，是夜二更，對天焚之。只見霹靂一聲，將李克義夫婦擊斃[15]。

鍾馗兵不血刃，就可達到殺人的目的。最主要的原因，是因為它的斬妖法力乃是上天所賜，而不是與生俱來的。它的工作是對天禱祝，請求上天幫忙即可。

鍾馗上終南山讀書，聞妻死訊，請僧人大做功果超度之後，原書便脫落一葉。由於接下來的文字，都在描寫鍾馗成神之後的故事，所以這脫去的一葉，內含鍾馗自殺之原因及成神之經過。不過在後面的文章裡，尚有一些蛛絲馬跡可尋，作者在鍾馗死後云：「且說海州有一舉子，姓程名巢，亦擢黃甲，職授翰林編修[16]。」可見鍾馗曾科舉及第，且被皇帝賜予官職。又卷四借鍾馗之口，曾說明其死因乃是：「詣京赴試忝中頭名，不料唐王嫌我貌醜，棄而不用。自思無顏回家，遂觸死金階，英魂直入天庭，就蒙玉帝委查冥司。今賜我降妖簡一條，復封我為掌理陰陽降妖元帥[17]。」可知其死因仍然十分傳統，並沒有別出心裁的解釋。

鍾馗死後奉命查理陰司，遊歷地獄的情節，本意在宣揚惡有惡報的觀念。作者極力描寫陰司之慘狀，並逐

層介紹各種不同刑罰的地獄。這些本是由佛經而來，自
不待言。然而書中為因應各層地獄景色不同的需要而設
計的山名或關名，如「鬼門關」、「荊棘岩」、「銅蛇鐵
狗山」、「急腳關」、「幽怪關」、「齒怪山」、「黃泉
路」、「奈河關」、「望鄉臺」等，卻影響了後世的《斬
鬼傳》中各種語帶雙關的地名人名，並進而影響了鍾馗故
事的屬性。

　　除此之外，尚有一重要的觀念轉變。卷四上帝有云：

> 然天下之妖怪蜂起，無人降伏。我今遣你前去，掃
> 除人間之妖魅，威靈顯赫於萬方。不可久住天庭，
> 致使生靈塗炭，今賜你降妖鐵簡一條，封你為掌理
> 陰陽降妖都元帥[18]。

　　作者本意是在承襲前半斬妖除怪的情節，讓離開驅
鬼職位，遊歷地獄太久的鍾馗回歸本職，去斬妖除魔。他
所收拾的，都是真正的妖怪，是存在於人間，危害世人的
鬼物。但這樣一個存在於民間，鍾馗可驅鬼的想法，到了
《斬鬼傳》中，卻被轉化為驅除有鬼名的「惡人」，而成
為綜貫全書的中心思想。

　　又卷四的捉獲小鬼故事，即為沈括等人所記的鍾馗出
身故事。而對證烏盆即是元雜劇的延續。於此不再深論。

　　綜上所述，可知《鍾馗全傳》是一本瀰漫著宗教意味
的小說，與清代另外兩本承襲了文人畫風格，藉鍾馗來寄
寓自己希望的小說有著根本上的不同。

第二節　斬鬼傳

此書的版本頗多，作者題名和書名也有所不同。不過據學者考證，此書乃清山西太原人劉璋所作[19]。劉璋生平很不得志，據同治年間修的直隸深澤縣志〈名宦傳〉云：「劉璋，陽曲人，年及耄，始受澤令。諳於世情，於事之累民者，悉除之。……任四載，民愛之如父母。懸以前令虧米穀累，解組[20]。」劉璋在及耄之年才受縣令，不久又因前任之錯而丟官，以他的遭遇來寫這部處處充滿諷刺嘲笑的小說，就不是一般無病呻吟之作可比的了。再加上本人又諳於世情，對世事的見解也使得這本書遠比《平鬼傳》要有深度。以下先介紹其故事大要：

第一回：鍾馗上京赴試，被取為貢士之首。怎知德宗皇帝嫌其貌醜，復有奸相盧杞一旁挑撥，鍾馗遂自刎而死。皇帝方才悔恨，封鍾馗為驅魔大神，遍行天下，以斬妖邪，仍以狀元官職殯葬。鍾馗來至酆都，閻君告以陽間妖邪頗多，又無人可治。故撥給鍾馗含冤、負屈二將及陰兵三百名，加上白澤一頭。鍾馗於奈何橋上又收了能見鬼魅的蝙蝠一隻，眾人浩浩蕩蕩往陽間而去。

第二回：鍾馗帶領眾人來至「希奇寺」，此地有搗大鬼一名，好說大話騙人，被鍾馗將眼睛挖去後，負傷去請了兩個結義兄弟挖渣鬼與含磣鬼來報仇。三鬼各憑自大言語，將鍾馗與含冤負屈二將說得敗下陣來。在三人無計可施之際，彌勒佛出現，張開大口，將三鬼咽下肚去。

第三回：鍾馗將動作慢的溫斯鬼和性子急的冒失鬼一劍一個，劈成兩半，合起來依成了兩個，成了一對中行君子。之後又用計斬了綿纏鬼，不過此鬼乃是涎臉大王之部下，故鍾馗又來至無恥山寡廉洞向涎臉大王挑戰。不料此鬼臉皮太厚，刀砍不進，劍射不穿，鍾馗只得敗下陣來。此時含冤獻上一計，另造一副厚臉，內藏良心一副，臨陣時騙涎臉大王戴上，待良心發現時，臉皮自然就薄了。鍾馗依計而行，果然使涎臉大王自刎而亡。

第四回：涎臉大王雖死，但他尚有三位部下，分別稱作齷齪鬼、仔細鬼及急賴鬼。此三鬼各有小氣賴皮的本事。因為懼怕鍾馗攻打，故找不通鬼寫一封嚇蠻書，並找謅鬼送去。鍾馗看信大怒，將謅鬼斬為兩半，立刻率兵前來征討。不料正好齷齪鬼和仔細鬼因攤錢不均，二鬼互相廝殺而死。鍾馗遂單打急賴鬼，最後將他逼入沒奈河中，變作縮頭烏龜。

第五回：齷齪鬼與仔細鬼各有一子，名為討吃鬼及耍碗鬼。二鬼身邊各有小人，每日吃喝嫖賭。又異想天開找詿騙鬼和丟謊鬼上京幫忙捐官，結果被騙去家財，淪為乞丐。在街上又遇見急賴鬼的兒子叫街鬼，三鬼同在街上乞討。鍾馗得報帶兵來捉，三鬼跪地求饒，蒙鍾馗饒其不死。

第六回：詿騙鬼找了個夥計叫「摳搯鬼」，不但摳人錢財，連詿騙鬼也摳死。此鬼無人能近，鍾馗戴上涎臉大王的厚臉才得破他。丟謊鬼的夥計亦會偷錢，鍾馗將之一一發落。

第七回：風流鬼愛慕尹鄉紳之女，用計住進其家讀書，正要與其女私會之際，鍾馗來到，追風流鬼至花園，不見人影，原來是牡丹花下之鬼。另有伶俐鬼召集四鬼，共同戲弄鍾馗。先獻酒，五鬼唱唱跳跳，把鍾馗勸得大醉。再摘其帽脫其靴，此時負屈及含冤趕回，將五鬼殺死。

第八回：鍾馗戰不勝黑眼鬼，至娼院中請來白眉神方才勝他。

第九回：演色中餓鬼與醉死鬼的故事，二鬼雖暫時逃得性命，最後仍被鍾馗所斬。

第十回：鍾馗要殺楸睜大王，但此人甚呆，不怕刀槍。鍾馗斬他不死，只好挖個洞，將他活埋。至此鬼已全部消滅，鍾馗接受玉帝敕封。

此書有很大部份在諷刺世人，例如作者明白指出陽間之鬼更多：

> 閻君道：「尊神要斬妖，倒是陽間最多，何不去斬？鍾馗聽了大笑道：「陽間乃光天化日，又有王法絕制，豈乃容此輩存跕耶？」閻君道：「尊神只知其一，不知其二。大凡人鬼之分只在方寸間，方寸正的鬼可為神，方寸不正的人即為鬼。君不見古來忠臣孝子，何嘗不以鬼為神乎！若夫曹瞞等輩，陰險叵測，豈得謂之為人耶？」鍾馗恍然大悟道：「是！是！是！但不知此等鬼，作何名目？」閻君愀然道：「此等鬼最難處治，欲行之以法制，彼無

> 犯罪之名；欲彰之以報應，又無得罪之狀也。曾差
> 鬼卒稽查，大都是習染成性之罪孽[21]，……」

　　這是以人為鬼的心裡，這種形容惡人的方法很早就有，已見前述。但是作者將之發揚光大，痛罵各種小人，這也成為本書最大的特點。試將書中所出現的鬼名及其腳色作一比對，這點特質更能清楚地浮現出來：

鬼名	在小說中所扮演的腳色
搗大鬼	好說大話，吹噓自己的身份或才能。
挖渣鬼	同上
含磣鬼	同上
涎臉大王	臉皮極厚，沒有良心。
綿纏鬼	死纏活纏，非達目的不可。
齷齪鬼	吝嗇小氣，一毛不拔。
仔細鬼	同上
急賴鬼	百般推拖耍賴，臨急則縮頭不出。
伶俐鬼	出鬼主意的人。
不通鬼	作文不通，又自認無人賞識。
謅鬼	胡謅瞎說之人。
討吃鬼	淪為乞丐的敗家子
耍碗鬼	同上。
叫街鬼	乞丐。
倒塌鬼	只會玩樂的公子哥兒，把家產花得罄盡
低達鬼	趨奉的小人。
詿騙鬼	憑口舌之能，騙取錢財。
丟謊鬼	同上。
溫斯鬼	動作很慢。

冒失鬼	冒冒失失
假鬼	行事捕風捉影，說話漫天蓋地。
地哩鬼	通風報信之人。
摳掐鬼	摳取他人錢財。
風流鬼	做人浮蕩，縱情于花柳之間。
遭瘟鬼	迂腐的書生。
偷尸鬼	毛手毛腳，慣會偷竊。
急突鬼	伶牙俐齒，專一賴人。
輕薄鬼	體態輕狂，言語不實。
撩橋鬼	沿牆走壁，上樹如猴。
澆虛鬼	撩蜂踢蝎，吹起捏塌之輩。
滴料鬼	同上。
心病鬼	杞人憂天之輩。
窮胎鬼	赤貧之人。
急急鬼	急性之人。
黑眼鬼	好人之惡，惡人之好，自以為士居之
色中餓鬼	好色之人。
發潑鬼	人軟他就硬，人硬他就軟。
醉死鬼	好酒的醉漢。
乜斜鬼	做事糊塗之人。
奸鬼	奸巧之人。
楳睜大王	生來朦朧，秉性癡拙。
活施鬼	家財有限又愛充場面。

　　由上表可知，大部份的鬼名根本就是一般人掛在口頭上罵人的話。另外還有一些沒看過的鬼名，也許是作者的家鄉話。但由其腳色看來，應該也是同樣的性質。

　　作者對世態有著近乎絕望的批評，第三回當鍾馗向陰
兵們索求一副良心時，竟遍尋不著，因為眾陰兵道：「小
的自知道那良心拿到陽間不中用，所以都不曾帶來[22]。」最
後總算一名陰兵有一副，不過不是自己的，乃是「只邊一
個有良心的人，見此時使用不上，氣憤不過，將良心撒在
街上，被他拾來藏起。[23]」

　　當描寫到寡廉鮮恥之輩，作者用了十分誇張的手法，
由此亦可看出他對此輩痛恨之深了。如涎臉大王自誇自己
的厚臉時，說道：「任你刀劈箭射靴頭踢，總不在心[24]。」
不但鍾馗的劍砍不傷他，負屈連射數十箭，鍾馗連踢一百
靴頭，也不曾紅得一紅。如此描寫無恥之人，可算是辛辣
之至了。而這樣的厚臉皮，一旦良心發動，也會消得像紙
一般，滿臉通紅起來，並云：「罷！臉已丟了，還論甚麼
行止，不如俺尋個自盡好[25]。」最後竟會自刎。

　　另外鍾馗部將含冤的一番心聲，頗有些文字上的趣
味，同時也吐露出窮書生的悲哀：

> 俺本是一個寒儒，上無父母，下無兄弟，伶仃孤
> 苦，終日只以吟詩作賦為本。不想此詩與彼絲不
> 同，吟下盈千累萬，卻作不得衣裳，遮不得寒冷。
> 此賦與彼富相懸，作下滿案盈廂，卻立不得產業，
> 當不得家伙。待要尋親戚，那親戚不惟不憐我，
> 而反笑我。待要靠朋友，那朋友不說難求他，並
> 難見他[26]。

　　含冤後來考試落榜，書中交待他之所以落榜的原因，乃是因為楊國忠從中作梗，誣指賀知章閱卷不公，朝廷遂將錄取者革退。這段情節與鍾馗在明朝宮廷雜劇《慶豐年五鬼鬧鍾馗》中的遭遇頗為類似，二者應有傳承關係。

　　第五回藉「低達鬼」寫驅奉小人，文字亦頗傳神：「卻說只低達鬼進得門來，撲地磕下頭去，討吃鬼道：『不消行禮，請坐了罷！』那低達鬼再三謙遜多時，纔坐在椅子上。討吃鬼叫他一聲，他就連忙跪下道：『大爺有何吩咐[27]？』」

　　而第六回寫「摳掐鬼」十指如鋼鉤，意在諷刺那些摳人錢財之人。書中說他：「輪起走爪來，摳的個個皮開，人人流血[28]。」另外第八回則是把發潑鬼形容的入骨：「陰兵道：『師父我們是過路的人，因天氣寒冷，我們主人要借杯茶吃。』那道人睜圓怪眼，大怒罵道：『你走路也要有個眼睛，我這裡又非茶酒肆，我又不是你們的奴才莊客，怎麼問我要起茶來？老爺是你們應行的打成？』……那道人越見人軟，他越硬起來了。一跳一丈的怪罵，旁邊看得人有些不忿，對含冤說道：『客官你不知他脾胃，他叫做發潑鬼。止知輕不知重，只管打起來，他就軟了。』含冤此時也忍不住怒氣，便令陰兵將他縛在柱上，足踢手打，他果然軟，連忙賠告道：『老爺饒了小人！休說是杯茶，就是飯也有，只管在小人伺候就是。若伺候不好，再打不遲。[29]』」

　　鍾馗最後的對手是槑睜大王，由回前的詞「老實若過

頭，便是現世寶[30]」可知作者是借此嘲笑愚笨的人。此鬼
「任你罵他、啐他、打他、殺他，總是呆了一雙白眼，半
聲也說不出來[31]。」鍾馗也拿他沒有辦法。甚至「地哩鬼拿
了一尾大砲往他頭上去栽，他也只是不動。地哩鬼將藥點
灼，一聲響就如天崩地塌之聲，看時那槑睜大王不想莫曾
掙死，益發成了一個掙頭了，更覺端正[32]。」如此嘲笑實在
有些缺德，不過在鬼頭上插炮的行為於《慶豐年五鬼鬧鍾
馗》雜劇中亦有，那時乃是為了新年熱鬧，故在小鬼頭上
插炮取樂。後世畫家也有以此情景入畫的。

　　書中有許多有趣的文字，如向鍾馗通風報信的老人
就叫「通風老人」。而涎臉大王住在「無恥山」上的「寡
廉洞」內，山前有條「唾沫河」，山上還有「不誠石」及
「沒羞岩」，均是有意的取意為名。說起唾沫河的來歷
也頗有趣，「從前本無此河，只因這無恥山寡廉洞內出了
個涎臉大王，惹得人人唾罵，唾沫積聚的多了，遂流成這
道大河[33]。」而急賴鬼手中拿的叫「可憐劍（見）」，被
鍾馗打敗之後，跳入「沒奈河」中。又第五回中，誆騙鬼
帶耍碗討吃二鬼去召妓，所到之處叫作「迷魂鎮」，「煙
花寨」，並且有一大坑，叫「陷人坑」，坑上有座橋，稱
「有錢橋」，乃是「有錢的許來瞧，無錢的不許來瞧的意
思[34]。」第九回李白、山濤、向秀、阮籍、劉伶等人所住
的地方叫做「醉鄉深處」。在第十回呆笨的槑睜大王所住
的地方叫做「草包營」，吃的是「呆瓜菜」、「悶鵝」、
「羊不理雜會」，手上拿的是「不知匙」及「不停筋」。

則已經近乎漫罵了。

第二回結尾彌勒佛吞食三鬼的情節與程世爵《程氏笑林廣記》「捉鬼」條幾乎完全相同。《斬鬼傳》是這樣寫道：

> 只見一個胖大和尚走進寺來，……，向眾神道：「你們為何這等狼狽？」鍾馗道：「禪師有所不知，如今寺前來了三個鬼與俺對敵，磣的俺三人一個牙癢，一個捩筋，一個惡心，無法勝他。」和尚道：「既然如此，您隨俺來，看俺制他。」一同出了寺門，和尚對他兵卒道：「叫你頭末出來見我！」那鬼兵急忙去稟道：「鍾馗又調了一個胖大和尚，要與三位王爺見話。」這三個鬼道：「是甚麼和尚，敢來與我們見陣？」這和尚並不理他，只像未曾聽見的一般。他們見如此模樣，拿刀便砍，拿鎗便刺。這和尚笑了一笑，張開大口，圜圇的一聲，竟將三個鬼嗑下肚裡去了。鍾馗驚訝道：「禪師何以有此神通？」和尚道：「你們不知，此等人與他講不得道理，論不得高低，只好大肚子裝了就是，何必與他一般見識[35]。」

而程世爵的《程氏笑林廣記》〈捉鬼〉條則是說：

> 玉皇命鍾馗至世捉鬼。鍾馗領旨，帶領鬼卒，到下界，仗劍捉之。誰知陽世之鬼，比陰間多而且凶。眾鬼見鍾馗來捉，那冒失鬼上前奪劍，伶俐鬼搬腿抽腰，討賤鬼拉靴摘帽，下作鬼解帶脫袍，無二鬼

> 掀鬚掠眉，窮命鬼竊劍偷刀，淘氣鬼摳鼻剜眼，釀
> 臉鬼嘮俚嘮叨，眾鬼既號且咷。鍾馗正在為難，忽
> 見一胖大和尚，皤皤大腹，嘻嘻而來，將鍾馗扶起
> 說：「伏魔將軍，為何這樣狼狽？」鍾馗說：「想
> 不到陽世之鬼，如此難捉。」和尚說：「不妨，
> 等我替你捉來。」這和尚見了眾鬼，呵呵大笑，張
> 巨口嗰嚕一聲，把眾鬼全吞在肚內。鍾馗大驚說：
> 「師傅實在神通廣大。」和尚說：「你不知道這等
> 孽鬼，世上最多，也合他論不得道理，講不得人
> 情，只用大肚皮裝了就是了[36]。」

這段故事所以能一再被引用，與它含藏的寓意有很大
的關係。與目中無人之輩相處，只能心胸寬大地包容他。
若要事事認真，結果必是「牙癢的牙癢，捩筋的捩筋，惡
心的惡心[37]。」自己氣得難過，對方可是毫不在乎。

第九回寫到醉死鬼的故事，文筆很有趣。所以也被搜
集到笑話書當中，原文是：

> 且說醉死鬼拌倒鍾馗，鍾馗爬起來又要趕那和尚，
> 卻被醉死鬼一把拉住，口裡喃喃吶吶得罵道：「你
> 是甚麼人？敢跌老爺只一腳。」鍾馗待要殺他，
> 是個醉漢，只得說道：「俺姓鍾，待怎麼？」醉死
> 鬼說道：「你是大鐘是小鐘？大鐘也不怕，小鐘也
> 不怕。」鍾馗道：「快放手！俺要殺人。」醉死鬼
> 道：「你要擲骰兒麼？俺就一點一鍾買上，任你要

趕老羊、夾蛋、打羅羅，翻公、拍金、打正快、
鬥狗頭，俺都會。」鍾馗急得暴跳，他只是不放。
鍾馗伸起拳打他，醉死鬼道：「你不擲骰，要划拳
麼？」于是三呀是五呀，喊天叫地，鬧個不了[38]。

而《程氏笑林廣記》〈醉鬼條〉則改為：

玉帝坐凌霄殿，謂諸神曰：「地獄之鬼，有閻君統
膳，惟陽世之鬼，無人管束，愈出愈奇。我欲使鍾
馗至下界，盡捉而食之，以懲鬼蜮之行，而除生靈
之害。」眾神曰：「界分陰陽，陰有鬼而陽有人，
陽世何得有鬼？」帝曰：「陽世之鬼更多，譬如慳
刻鬼、勢利鬼、烏煙鬼、賭鬼、醉鬼、皆是也，何
可不除！」遂命鍾馗至下界捉鬼。鍾馗至下界，飭
鬼卒盡拘之，惟醉鬼不見到案，詢之鬼卒，答曰：
「這醉鬼無日不飲，無飲不醉，夜間鬧酒裝瘋，白
日害酒裝死，實在難捉。」鍾馗曰：「且將眾鬼烹
而食之，先回奏玉旨要緊。」行至中途，忽來一人
扭著鍾馗不放，自稱我是醉鬼，鍾馗曰：「我正要
捉你，你因而反來纏我？」醉鬼曰：「你是何人」
答曰：「我即是奉命捉鬼的鍾馗。」醉鬼曰：「你
姓鍾乎？還是大鍾？還是小鍾？」鍾馗曰：「此話
怎講？」醉鬼說：「若是大鍾，與你豁三十拳；若
是小鍾，與你豁五十拳；豁完了，再說。你吃我不
吃，我不管[39]。

　　此外，書中形容描寫齷齪鬼與仔細鬼兩人的吝嗇表現，乃是一個通行的故事類型。在丁乃通的《中國民間故事類型索引》中，有「吝嗇鬼[40]」一條，編號一四〇七A，所指的正是這種過份吝嗇的故事。而仔細鬼死的時候，交待兒子趁早將屍體賣掉。他兒子也很孝順，把父親屍首碎割零賣。這也和編號一三〇五D1「臨死的守財奴和他的兒子們[41]」這個類型頗像。

　　鍾馗挖鬼眼的故事也出現了，在第二回中，鍾馗得勝回營，負屈縛過搗大鬼來，「鍾馗把他的眼睛用劍剜出，竟生吃了[42]。」

　　在朝廷上使鍾馗落第的盧杞，死後在森羅殿內與鍾馗相逢，被閻君判處下油鍋的處分。鍾馗於陽世所受的屈辱在陰間得到補償。陷害者在故事結尾受到報應，雖然是一般人的希望，可是之前的故事都沒有看到。於此出現，告訴我們這個古老的願望也進入鍾馗故事之中了。

　　《斬鬼傳》解釋了鍾馗圖畫中常見的一些物件，如笏板乃是上朝接受皇帝面試時所帶。而寶劍則是朝廷上跕殿將軍佩在腰間的，鍾馗用它來自刎，死後便一直留在他身上。但是寶劍是道教用來驅邪的法器，鍾馗受道教影響後便拿了寶劍。而作者對鍾馗圖畫上經常出現的蝙蝠亦有別出心裁的解釋：

　　　　只見奈何橋上只一個小鬼，攔住去路。大喝道：「何處魔神，敢從俺奈何橋經過？」鍾馗怒道：「唐天子封俺為神，閻君助俺兵將，你是何人，敢

大膽攔路？」那小鬼聽了說道：「原來是位尊神，往那裡去也？」鍾馗道：「唐天子命俺遍行天下，以斬妖邪，俺敢就遍行天下去也。」小鬼道：「尊神既要遍行天下，俺情願相隨。」鍾馗道：「汝有何能，要來隨我？」那小鬼道：「稟下尊神，俺只鬼形是適繞變的，俺的原形那田間鼴鼠。曾與鷦鷯賭賽，他欲巢遍上林，俺欲飲乾奈何。不料他所巢只占一枝，俺所飲不過滿腹。俺自飲此水之後身邊生了兩翅，化作蝙蝠，凡有鬼的所在，惟俺能知。尊神欲斬妖邪，俺情願做個嚮導。」鍾馗聽了大喜道：「俺正少個嚮導，你試現了原身，往前飛去。」果然好一個碗大的蝙蝠！鍾馗喜出望外，跟定蝙蝠，踴躍而去[43]。

此外，自唐朝敦煌驅儺文之後就未再看見，由鍾馗身邊消失了數百年的白澤，也成了鍾馗的坐騎。不僅如此，作者還給了它一個不同於《雲笈七籤》的出身故事：

閻君躊躕一會道：「這也不難，俺陰中有個白澤，他前生是吳國伯嚭，只因他奸邪害了伍子胥，故將他貶入陰山中變為白澤。數百年以來，自怨自艾，頗有改邪歸正之心，此物堪與尊神騎坐，成功之日亦可以升天矣[44]。」

白澤一直沒有在鍾馗故事中出現，而清代的劉璋更不可能看到尚未出土的敦煌卷子。那麼此處的白澤是

由何處來的呢？這裡又牽涉到民俗轉變的問題，宋代的
《夢梁錄‧五月條》曾有云：「以艾與百草縛成天師，
懸於門額上，或懸虎頭白澤[45]。」可知到了宋代，白澤便
已經與鍾馗分開，來到端午。但沒想到後世竟會將鍾馗
也移到此時懸掛，二者在此不期而遇，又成了畫師的題
材了。而《斬鬼傳》作者所看到的白澤，應該就是這樣
來的。

此外，這本小說也受了繪畫的影響，在結尾作者曾自
云：「只因畫上鍾馗好，一一描來仔細瞧[46]。」又如小說結
尾鍾馗被封為「翊正除邪雷霆驅魔帝君」，乃是民間鍾馗
年畫上所蓋的印文。

而書中描寫五鬼鬧鍾馗之前，先是唱歌跳舞，逗鍾馗
高興。這也是繪畫上常見的題材，如俄羅斯學者Alexeev收
藏的一幅年畫，「畫的是五個鬼：一個打鼓，一個打鑼，
三個疊羅漢（但姿態各不相同）[47]。」又「上海久和齋印的
另一個五鬼使鍾馗快樂圖，則是鍾馗將他的劍放在桌上，
坐著喝酒，一個紅髮鬼騎在另一個鬼脖上給他捧水果，還
有一個持酒瓶端酒，坐在地上等鍾馗令，上面還寫『樂』
大字及畫兩個印章，一個『驅邪降福』，另一個是『靈籍
鎮宅』，有避邪之功能。據Alexeev寫行話（即民間畫家與
賣年畫的商人）把這類畫叫『五鬼鬧判兒』[48]。」五鬼鬧判
應該是五鬼捉弄鍾馗，而不是使他快樂。而此處五鬼先使
鍾馗快樂之後，才捉弄他。這裡包含了兩個情節，一個是
五鬼讓鍾馗快樂，一是五鬼戲弄鍾馗。這二者都是早已分

別存在於繪畫中的情節，作者將它們巧妙地融為一體，絲毫不覺尷尬。

　　第九回鍾馗駁倒賀知章，在別的故事裡他卻曾是提拔鍾馗之人。可知故事中的其餘人名並不重要。就如同在位的皇帝有時是玄宗有時是德宗，有時只寫「大唐聖人」，只要能夠交待劇情即可。

　　作者寫書的本意在痛罵社會上各種行為不正之人，又因為語言中本來就有以「某某鬼」來描述這些人的習慣用語，方言中必有更多這種形容詞，所以故事讀來極為流暢。而作者乃是先有了罵人的想法，再找鍾馗來串場。故鍾馗表面上是主角。實際上不是。主角是那些搗蛋作怪的大鬼小鬼們，所以書名叫作《斬鬼傳》，而不是《鍾馗傳》。鍾馗在書中幫作者出氣，也同時替讀者們出了一口心中的怨氣。只要曾在現實生活中受過這些大鬼小鬼欺侮的人，讀這本書一定很過癮，文學的社會功能也由此可見。

第三節　平鬼傳

　　此書據孫楷第《中國通俗小說書目》所載，有清乾隆乙巳廣州刊本，名為《唐鍾馗平鬼傳》，八卷十六回，題「東山雲中道人編」，與通行本第九才子書不同[49]。對於《平鬼傳》及《斬鬼傳》這兩部小說的版本，胡萬川曾作過詳細考證[50]，認為《平鬼傳》一書當作於《斬鬼傳》之後。

全書共有十六回，各回梗概如下：

第一回萬人縣群鬼賞月：鍾馗死後受閻君封為「平鬼大元帥」，率領四名鬼卒上陽間斬鬼。而萬人縣有十鬼，各有名號。這日正逢中秋，十鬼飲酒賞月，結為兄弟。

第二回煙花巷色鬼請醫：十鬼聞得鍾馗欲來斬鬼，便請善出計策的下作鬼來商議。下作鬼之妻趁此機會與色鬼勾搭，並請催命鬼來為色鬼看病。

第三回賈在行誤下絕命丹：庸醫賈在行用錯了藥，將色鬼害死。其魂魄飄游至不脩觀，拜針尖和尚為師。

第四回下作鬼巧設連環計：眾鬼擁立無二鬼為王，下作鬼任軍師。分派眾鬼四出把守重要關口，並授以戰法禦敵。

第五回唐鍾馗火燒不脩觀：鍾馗初次上陣，被短命鬼使五行土遁之術逃走；又戰色鬼不下。幸伶俐鬼用計破了色鬼法術，方才獲勝。

第六回短命鬼被擒子母山：短命鬼逃至子母山，卻被強人捉去，幸好是其兄無二鬼的手下。而無二鬼出城與鍾馗對陣，使法術將鍾馗與四名鬼卒刮至半空，不知往何處而去。

第七回五里村酒店收窮鬼：鍾馗與鬼卒被吹至慾人村，答應為村民斬除眾鬼即行。來至五里村，撞見窮鬼與混賬鬼吵鬧，遂將窮鬼捉來，見他頗有能力，便收為先鋒。

第八回溜子陣戰敗遇窮神：討債鬼與窮鬼對陣，因窮鬼善於支吾，又擺下溜子陣法，使討債鬼居於下風。但不久討債鬼又扳回頹勢，窮鬼正在危急之時，窮神帶了法網

及救命骰來，將討債鬼及混賬鬼制伏。

　　第九回桃花山收服兩兄弟：鍾馗來至桃花山，收服神荼鬱壘兩兄弟，二人的嘍囉手下，鍾馗也一併收為己用。眾人來至一賭場，將未逃走的替死鬼與暗鬼捉出斬首。

　　第十回五里村斬燒一全家：眾人來到賭錢鬼家，將其一家老小盡數殺死。臨走還放一把火，連人帶屋燒成灰炭。

　　第十一回奈河關下作鬼署印：鍾馗治好了憂愁鬼後繼續前行。此時無二鬼出城回家，路上救了與人通姦被捉的伍二鬼。無二鬼聽說風流鬼人品俊俏，遂有染指之意。

　　第十二回吊角莊風流鬼攀親：無二鬼找了個藉口來到風流鬼家，與她春風一度。並且乾脆把她送回自己家裡取樂。

　　第十三回冒失鬼酒裡逃生：鍾馗追趕冒失鬼，將及趕上，卻被酒鬼醉鬼纏住，不得脫身。若非李白下凡求情，二鬼差點死於劍下。而冒失鬼夥同嘮叨鬼又前來向鍾馗挑戰，結果均死於非命。

　　第十四回粗魯鬼夢中喪命：無二鬼與鍾馗對陣，大敗而逃。其手下噍蕩鬼與賴殆鬼裡應外合，投降鍾馗。慌亂中粗魯鬼自己撞牆死亡。

　　第十五回耍乖山勾兵取救：無二鬼逃至胡搗鬼處，並修書與小尖腚鬼求救。小尖腚鬼立刻帶兵來到，將鍾馗擊敗。但當夜卻遭鍾馗偷襲，殺得一個不留。

　　第十六回森羅殿繳冊復命：鍾馗將無二等一干鬼輩斬訖，回到冥府，又把虜來的眾鬼一一治好。閻君遂率領

鍾馗並神荼鬱壘來到天庭，接受玉帝敕封。

第一回開場即清楚說明了作者的意圖：

> 世上何曾有鬼？妖魔皆由心生；違理犯法任意行，
> 方把人品敗淨。舉動不合道理，交接不順人情；搖
> 頭幌膀自稱雄，那知人人厭憎？行惡雖然人怕，久
> 後總難善終；惡貫滿盈天不容，假手鍾馗顯聖。昔
> 年也曾斬鬼，今日又要行兇；咬牙切齒磨劍鋒，性
> 命立刻斷送。[51]

可見作者是要藉鬼罵人，同一回又有閻君云：「今陽
間有一種鬼，說他是鬼他卻是人，說他是人卻又叫做鬼，
各處俱有，種類不一，甚為民害，惟萬人縣內更多[52]。」將
群鬼聚集的地方叫「萬人縣」，更講明了是在說人的事。

各回中的鬼名也是充滿了罵人的意思，試整理如下：

鬼名	在小說中所扮演的腳色
短命鬼	專門害人，過河拆橋之輩
無二鬼	與其父一般無恥故名
下作鬼	與人相交，外表甚好，肚裡卻有心眼
傸鬼	令人萬事不利。
粗魯鬼	行事粗魯。
滑鬼	凡事均要推託。
賴殆鬼	沒有清楚描寫。
噍蕩鬼	愛潑冷水，說話不吉利的人。
冒失鬼	作事冒冒失失。
混賬鬼	討債之時，欠少的說多，還了的說賬未清。

討債鬼	同上。
楞睜鬼	沒有清楚描寫。
溜搭鬼	淫婦。
色鬼	男女不拒的好色之人。
小低搭鬼	與人玩弄的男童。
催命鬼	庸醫。
尖腚鬼	沒有清楚描寫。
窮鬼	赤貧之人，卻有些骨氣。
累鬼	為人情往來所累。
勾死鬼	沒有清楚的描寫
賭錢鬼	開賭場，專做頭家。
憂愁鬼	終朝每日只是憂愁。
替死鬼	被捉去替人頂缸而死。
暗鬼	專做明人不做的暗事。
喇嗎鬼	向人借東西不還。
女勾死鬼	賭錢鬼的老婆。
伍二鬼	浮浪子弟。
倒塌鬼	倒運的角色。
風流鬼	淫婦。
厭氣鬼	老太婆。
小廟子鬼	好占小便宜的小人。
酒鬼	好酒之人。
醉鬼	同上。
嘮叨鬼	沒有清楚的描寫。
咧咈鬼	同上。
輕薄鬼	擠眉弄眼的輕薄之人。
糊塗鬼	行事糊塗。
雜毛鬼	沒有清楚的描寫。

腌臢鬼	渾身上下連肚裡都是髒的。
調鬼	沒有清楚的描寫。
弄鬼	同上。
迷瞪鬼	同上。
懶怠鬼	同上。
胡搞鬼	同上。
咳嗽鬼	患病之人。
勞病鬼	同上。
偷生鬼	胡搗鬼之妻。
屈死鬼	胡搗鬼的跟班。
眼子鬼	同上。
稔纏鬼	胡搗鬼的買辦。
死鬼	終日死眉不瞪眼，沒有一點精神。
瞎鬼	有眼無珠之人。
拉塌鬼	渾身油污，齷齪不堪。
寒磣鬼	其貌不揚。
覷煙吃鬼	專好吃煙，逢人便要煙吃。

　　有許多鬼似乎是方言，所以由字面上很難理解。此外作者也寫了很多毫無含意且沒有沒麼特殊行為的鬼，在書中出現一會兒立刻就被殺了。似乎是筆力不夠，無法照應。不過仍然可以看出作者想要藉鬼罵人的企圖。

　　此書並沒有用長篇的文字來介紹鍾馗的背景，僅是說「大唐德宗年間，有一名甲進士，姓鍾名馗字正南，終南山人氏。才高八斗，學富五車。只因像貌醜陋，未中頭名，一怒之間，在金階上頭蹦殿柱而死[53]。」他的斬鬼能

力是由閻君付予他「平鬼大元帥」的名號而來的。不僅如此，連他身上的穿戴手上的寶劍牙笏，胯下的追風烏錐馬均是閻君給的。這是較為特殊的地方，其它故事大多是將鍾馗法力的來源歸於玉帝或皇上。

由鍾馗身邊小鬼職掌來看，「大頭鬼頭前開路，大膽鬼挑著琴劍書箱，精細鬼手提八寶引路紅紗燈，伶俐鬼擎著三沿寶蓋黃羅傘[54]。」此書已經受了戲曲的影響。而且鍾馗只有這四名鬼卒及青鋒寶劍一把就出發了，沒有軍隊隨行，也沒有蝙蝠引路。這和《斬鬼傳》的龐大隊伍有很大的差異，但是卻和戲曲的表演非常相似。由此可看出這本小說在創作時所受的影響和《斬鬼傳》是不同的。

此書也有許多文字上的趣味，如庸醫的名字叫「賈在行」，外號「催命鬼」，他的藥瓶稱「掉魂瓶」，裡面盛的是「絕命丹」。壞人住的地方叫「沒人里」、「跩遍街」，壞和尚住的廟稱「不脩觀」。第十回賭錢鬼家有一「限（陷）人坑」，從旁看去，無異平地，人若到此，墜落坑中。坑深不過丈餘，愈顯突愈深，久後就成一個無底坑。」此坑旁邊還有一間「剝皮廳」，也是有明顯的喻意。

此書有明顯承襲《斬鬼傳》的痕跡，如第五回寺內夾牆內藏有婦女的情節，於斬鬼傳第九回已有。不僅如此，偷藏婦女的和尚在斬鬼傳中稱色中餓鬼，而在平鬼傳中則叫色鬼，二鬼的名號也極類似。第十一回，用「寬心丸」和「大膽湯」治療憂愁鬼，也和《斬鬼傳》治心病鬼以寬心丸，治窮胎鬼以元寶湯的情節相似。第十三回，酒鬼、醉鬼強拉鍾

馗喝酒，鍾馗舉劍欲斬，忽有李太白出面討情。這也與《斬鬼傳》中的情節頗似。又第六回鍾馗與無二鬼對陣，「戰不數合，被鍾馗回馬一劍，正對無二鬼的臉砍來。誰想那無二鬼的臉，原來是磁瓦子打磨了，又用生漆漆了，至壯不過的一幅子皮臉。一劍砍來，火星亂爆[55]。」這與《斬鬼傳》裡的涎臉大王很相似。同一回敘述無二鬼有件法術，名為「黑眼風」，鍾馗難以為敵。這與《斬鬼傳》中的黑眼鬼亦有類似之處。

第三回眾鬼結義並且計畫作戰，分配防地，頗似水滸傳的故事。而短命鬼去找稱王的弟弟，在路上遭人捆綁上山，預備做醒酒湯。正當要下刀之際，短命鬼一句嘆氣的話，使強盜瞭解他和大王之間的關係而放了他。這也和水滸的故事很像。

第八回窮鬼對討債鬼的戰爭是毫無隱藏的正面嘲弄。文中對付討債鬼的辦法就是「隨機應變，善於支吾」，使得討債鬼「汗流浹背，無計可施」。窮鬼還擺出了陣法，名為「溜子陣」，內含「七閃八躲，九跑十藏，四般妙用」。這已經是直接說明的敘述，而非意在言外的諷刺了。

前面提到鍾馗所受的門神和鬼的影響，在此均融入了故事之中。第九回敘述桃花山上住著神荼鬱壘兄弟，自云：「祖居東海度朔山，大桃樹下。因姓好食鬼，每獲一鬼，用葦索繫之，終不能去。倘若不服，鞭以桃條。二十年來東海之鬼，被俺食盡[56]。」這個故事明顯是由《山海經》而來，神荼、鬱壘本就是門神，在本書中他們不僅是

兄弟，而且還成為鍾馗的部將。

「吃鬼」由最早的恐嚇之意，到成為鍾馗故事的一環，以至發展出《鍾馗慶壽》的吃鬼劇。到了《平鬼傳》中，甚至有了以鬼為材料的菜單。在第九回描寫鍾馗和神荼鬱壘兄弟吃飯時，這樣寫到：「端上菜來頭一盤是暴炒鬼肚，第二盤是白湯炖肥鬼頭。第一碗是紅燒鬼肘子，第二碗是暴醃鬼腿。末了一盤是醋溜鬼肝湯[57]。」臨走之時，「又將吃剩的鹹鬼肉，還有兩隻暴醃鬼腿，都載在車上，以備零星路菜之用[58]。」吃鬼吃到這個地步，可說是到了極致了。

此書也一樣受到繪畫的影響。如最後一回說：「神荼搖身變了一隻蝙蝠在頭前引路，鬱壘化了一把寶劍，伏在鍾馗背上[59]。」這分明是在描寫民間年畫上的鍾馗。而玉帝封鍾馗為「翊正除邪驅魔雷霆帝君[60]」這個名稱和民間年畫上所看到印文的十分類似。作者在卷末又云：「至今元旦令節，家家畫鍾馗神像，目睹蝙蝠，手持寶劍，懸掛中堂，戶戶寫神荼鬱壘名字，供奉大門[61]。」所說的正是民間年畫習俗。

由回目梗概可以看出，此書與《斬鬼傳》相似，大部份的篇幅在寫鬼。鍾馗的戲份很少，就算出現也只是點綴性質的殺幾個鬼。而作者對待眾鬼的態度比《斬鬼傳》更殘忍，鍾馗不但殺鬼，還要放火。在整體的文筆上，本書較《斬鬼傳》要略遜一籌。作者雖然有意地要繼承前一本書文字有趣的特色，但是類似的神來之筆出現的並不多，

反而常有十分勉強的安排。有些根本就是正面地反映出一些惡人惡事。而且作者似乎並沒有整體的想法，只是將許多他感到有興趣的故事情節湊合成書。所以書中常出現其它小說的影子。此外，作者設計了許多鬼名，但是有些鬼剛出現就被殺，根本不知道它做了什麼壞事，更不要說瞭解其背後的寄託了。

鍾馗故事發展至這兩本小說，可說是進入了另一個新的境界。鍾馗在書中所斬的鬼物，均是現實生活中的行為不正之人。這點在前代的故事中並未出現，反而在文人畫上十分常見。故可以說，這二本鍾馗小說是鍾馗的落第文人性格在繪畫上的發展影響了文學的結果。科舉制度之下，落榜者比上榜者更多，他們對鍾馗的不得志自然能夠感同身同，而鍾馗後來得授權柄，大斬惡鬼，更是落魄文人最大的自我安慰。

第四節　小結

由前幾前的分析，可以看出每一位鍾馗小說的作者，都是有意地拿各種流傳在外的短小故事，將之稍微改易後融合在自己書中。他們所取的故事又往往是前一本小說的情節，可見這三本書是一本影響一本，彼此有著傳承關係的。

最早出現的《鍾馗全傳》，乃是以鍾馗的名義，宣傳作者本人的宗教理念。而後兩本書根本是藉鬼罵人，將社會上各種不正不義之人以某某鬼稱之。這本是中國語言中的一種用法，但作者將這種稱謂與鍾馗斬鬼的能力結合，

遂形成這兩本充滿諷諭意味的小說。而且書中經常會出現有趣的文字和對話，這也變成鍾馗故事的一大特色。

附註：

1. 劉世德、陳慶浩、石昌渝主編：《古本小說叢刊》第二輯（北京：中華書局，一九九〇年八月第一版），頁九。
2. 同上註，頁二〇二一。
3. 同上註，頁二〇二七~二〇二八。
4. 同上註，頁二〇二八。
5. 同上註，頁二〇五九。
6. 同上註，頁二〇五三。
7. 王蘭西主編：《鍾馗百圖》，前引書，頁一〇一。
8. 同註一，頁二〇三五。
9. 同上註，頁二〇四八。
10. 同上註，頁二〇四五~二〇四六。
11. 同上註，頁二〇四六。
12. 同上註，頁二〇四七。
13. 劉枝萬：〈臺北縣樹林鎮建醮祭典〉，《臺灣民間信仰論集》（臺北：聯經出版事業公司：民國七十二年十二月初版），頁九三。同書還有另一篇文章〈醮祭釋義〉，對醮祭的歷史與意義有詳細的論述，可參看。
14. 同註一，頁二〇六四。
15. 同上註，頁二〇八八。
16. 同上註，頁二〇九七。
17. 同上註，頁二一四三。
18. 同上註，頁二一四一。
19. 胡萬川於《鍾馗神話與小說之研究》一書中，對此問題有詳細的論述。
20. 張子文：〈斬鬼傳提要〉，《斬鬼傳》（臺北：河洛圖書出版社，民國六十九年二月臺初版），頁一。

21. 煙霞散人：《斬鬼傳》（臺北：世界書局，民國六十九年五月六版），頁二八~二九。

22. 同上註，頁四一。

23. 同上註，頁四一。

24. 同上註，頁四〇。

25. 同上註，頁四二。

26. 同上註，頁十八。

27. 同上註，頁六十。

28. 同上註，頁七三。

29. 同上註，頁九四。

30. 同上註，頁一〇一。

31. 同上註，頁一〇三。

32. 同上註，頁一〇三。

33. 同上註，頁四一。

34. 同上註，頁六三。

35. 同註二一，頁二八~二九。

36. 程世爵：《程氏笑林廣記》（臺北：世界書局，中國笑話書，民國七十三年九月七版），頁四六四。

37. 同註二一，頁二八。

38. 同上註，頁九八。

39. 同註三七，頁四六五。

40. 丁乃通著、孟慧英等譯：《中國民間故事類型索引》（瀋陽：春風文藝出版社，一九八三年十一月第一版），頁一九四。

41. 同上註，頁一二九。

42. 同註二一，頁二四。

43. 同上註，頁十五~十六。

44. 同上註，頁十五。

45. 吳自牧，前引書，頁一五七。

46. 同註二一，頁一〇六。

47. 李福清：〈中國年畫最大的收藏家—俄羅斯學者阿列克塞耶夫〉，《中央日報》，第十九版，民國八十四年一月二十九日。

48. 同上註。

49. 孫楷第：《中國通俗小說書目》（臺北：木鐸出版社，民國七十二年七月初版），頁二二八。

50. 見胡萬川，前引書，頁一六三。

51. 雲中道人：《平鬼傳》（臺北：世界書局，民國六十九年五月六版），頁三。

52. 同上註，頁三。

53. 同上註。

54. 同上註，頁四。

55. 同上註，頁三一。

56. 同上註，頁四四。

57. 同上註，頁四六。

58. 同上註。

59. 同上註，頁八二。

60. 同上註，頁八五。

61. 同上註。

第六章　臺灣的跳鍾馗

第一節　跳鍾馗的場合及儀式

一、跳鍾馗的場合

貼鍾馗畫的習俗在臺灣並不盛行，反而是跳鍾馗驅鬼的習俗尚流傳著。而跳鍾馗雖然附屬在戲劇之中，但卻不同於一般的戲劇表演，表演的目的不在娛樂觀眾，而是驅鬼鎮邪。所以跳鍾馗的表演充滿了宗教的色彩，由表演前的勒水、敕符、安符，以及表演時的念咒、撒鹽米、敕雞鴨、打草蓆等，十分類似宗教的科儀。鍾馗在這一整套的表演中只被借重他的身份，由一位化妝成鍾馗模樣的演員或傀儡戲偶出場走七星步，比八卦指，念八卦咒，最後踢開廟門等。整場表演已經完全變成宗教上的驅鬼儀式，事實上這也是民眾請戲班跳鍾馗的目的。

此外表演本身充滿了禁忌，演員或觀眾似乎動輒得咎。如跳鍾馗時家家戶戶必須關緊門窗，連睡著的人也要把他叫醒，以免靈魂在外遊蕩而被沖煞。又跳鍾馗的表演常須配合特定的時辰舉行，並且有諸種忌諱，如某個時辰對某種行業或某生辰的人不吉。有的戲班則是當扮演鍾馗的演員在上妝勾臉之後，禁止說出任何人的名字，否則被念到名字的人必遭不幸，甚至死亡。也由於跳鍾馗是和惡鬼直接對抗，所以觀眾在表演時均避之惟恐不及，如果要

留在現場觀看也必須有符咒護身。而表演的藝人也要八字較重者方能勝任，有的藝人甚至本身即具有道士身份。在這許多防護措施之下，跳鍾馗的演員仍偶爾會遇到一些怪事，而這些也就成為戲班裡流傳的鬼故事了。再加上經常演出跳鍾馗的傀儡戲，本身即有「喪家之樂[1]」的傳統，更給這種表演增加了許多神秘恐怖的氣氛。

目前民眾會請戲班來跳鍾馗的場合約有以下數種：

一、入廟：又稱「開廟門[2]」，新廟落成時由鍾馗作法後一腳將廟門踢開，方能啟用。民間認為若不能第一腳便把廟門踢開，則代表將有壞事發生，甚至有人會死。因為鬼魂的法力甚高，演員不足以壓制。又有所謂「開平地[3]」，即新廟落成時因故未舉行入廟儀式，過了一段時間後再補行之，也可算是入廟的一種。

二、送孤：即送走孤魂之義，舉行於寺廟建醮及中元普渡之後。在普渡時所行的是「押孤」，即以較溫和的方式，請前來領受施食的「好兄弟」，既然已經聽經聞懺，理應解悟；又已領受甘露法食，得饜饑虛，就應按照冥規回轉，所以類此跳鍾馗並非為了大惡的凶煞，只是押住孤魂而已[4]。

三、壓屍：在火災現場的稱為「壓火災」，在災變地點的稱「祭路煞[5]」。不過壓火災並不一定有人橫死，只要有火災發生均可請人跳鍾馗。

四、車禍驅煞：俗稱「車路祭[6]」，民眾認為常發生車禍乃是路面煞氣太重所致，故請鍾馗來驅煞。

五、淹溺除煞：有的海面常發生意外，為求海面平
安，遂請鍾馗來驅煞。

六、洗臺、破臺：新戲臺、戲院落成的除煞儀式中也
有跳鍾馗的表演，稱為洗臺或破臺[7]。此外，若是戲臺久未
使用，在演出前也會先跳鍾馗，將孤魂野鬼驅離。

七、開莊：或稱「開草地[8]」，新聚落落成的除煞儀
式中有跳鍾馗的表演，稱為「開莊」，乃是早期傀儡戲最
常演出除煞儀式的場合。其目的在驅除當地的邪煞，以利
安居。

由其演出的場合可以看出，跳鍾馗乃是為了驅除或防
範不幸的事件，才特別舉行的儀式。而在前舉的場合中，
不斷出現「除煞」二字，關於「煞」字的解釋，人云亦
云，總之是指一些不好的事物[9]。而「除煞」的意思是指把
煞驅除[10]。這和驅儺文中驅各種鬼怪的含意是相似的，由此
可以看出除煞和驅儺，二者是極為類似的宗教行為，均是
將為害地方的壞事物趕走，使住民能夠不受侵優。故可以
說鍾馗歷經了一千多年的演變，目前仍然在執行著當時的
職責，只不過儀式已經改變了。

二、跳鍾馗的儀式

臺灣目前有跳鍾馗表演的劇種有傀儡戲及大戲。據學
者研究，「臺灣民間的跳鍾馗，應來自閩粵戲班習俗，主
要是潮州、漳州和閩西。臺灣北部傀儡戲和亂彈戲在源流
上與上述地區關係密切，以鍾馗祭煞的傳統亦然[11]。」大戲

中以亂彈及四平的跳鍾馗最早，但由於歌仔戲的興盛，表
演的機會反而沒有歌仔戲多[12]。而傀儡戲中的跳鍾馗乃是
主要的劇目，由於傀儡戲一直被視為喪家之樂，民眾在一
般的喜慶節日中並不會邀請，只有在需要驅鬼時才會想到
它，所以跳鍾馗乃是傀儡戲的主要演出項目。此外布袋戲
也有跳鍾馗，不過所使用的戲偶仍是懸絲傀儡，而非布袋
戲偶，因為一般仍認為以傀儡戲偶來除煞的效果最好[13]。這
點反映出傀儡戲在除煞儀式中的重要性，而鍾馗的身份也
是這種儀式能夠流傳的原因之一。故宋錦秀說：「傀儡戲
偶不可取代的中介象徵，以及鍾馗角色始於歷史之原始除
煞性格，均為傀儡戲的跳鍾馗演出具有不可取代之原始性
之依據[14]。」

在跳鍾馗的演出方面，各劇團均有少許的差異。不過
基本的儀式如請神、敕定棚等都不會少的。宜蘭新福軒傀
儡劇團的演法如下[15]：

一、撒淨水：取一淨符，燒化於碗水中，唸咒語，然
後將此淨水遍灑戲臺四週。

二、請神：以牲禮祭祀諸神，並念王爺咒。

三、定棚：先在王爺前請神敕符，使符具有法力，敕
符時唸五雷咒。再將符安置於戲臺四柱及工作人員身上等
特定地方。

四、出煞：有幾個步驟

1. 小刀插入戲棚板：演師先以刀沾淨水，在戲棚板敲
   三下，唸咒。然後將刀插入木板中。放炮，獻金，

演師在戲臺右前角，手比八卦指，腳踩七星步，唸
八卦咒。

2. 撒鹽米：將鹽米符燒化於鹽米中，一邊唸咒，一邊
將鹽米撒向四方。

3. 敕雞敕鴨：雞代表陽氣，鴨含「壓」之意，演師在棚
前咬破雞冠和鴨頭，使出血，再持以向空中寫符。

4. 打草蓆：以往在草蓆兩端綁有銀紙，並予點燃，而
後摔打，用以驚嚇惡煞。往後為了預防火災，已不
點火，僅摔打草蓆而已。

5. 跳鍾馗：鍾馗傀儡先在後臺拜過王爺，出場跳臺，唸
「當初中得狀元科，唐王簪花惱氣多，玉帝賜我青
鋒劍，奉旨下凡斬妖魔。」（白）：「吾神，終南
山鍾馗是也。奉了玉帝旨意，要去下凡巡查，就此
速駕祥雲。」（場面吹曲牌【岳母令】）（白）：
「哈，你看。吾神來到這裡，法眼觀看弟子清心，
高搭戲臺演唱今事古戲，上答天恩，下祈康泰，恐
怕凶神惡煞在此擾吵，驚動萬民。吾神這裡金雞為
旨，寶劍為令，聽吾神號令。」（鼓介）將雞置於
鍾馗手中，由戲臺右邊，拋向臺下，接著在戲臺左
邊再拋鴨。（場面吹【千秋歲】）（白）：「哈！
你看，吾神號令已畢，待吾神在此祝讚幾句好話。
吾神降吉昌，瑞氣滿華堂。一門九進士，公孫二宰
相。哈！你看，吾神看見眾弟子戶戶個個平安，不
免回天廣激旨便了[16]。」

宜蘭另一個傀儡戲班福龍軒的表演儀式則略有不同，不過差別並不大，其儀式如下：

一、請神。

二、定棚（1）敕雞（2）敕鴨（3）敕符與安符。

三、出煞

1. 擊棚

2. 撒水符

3. 撒鹽米符

4. 出鍾馗[17]

有關鍾馗的唱詞也不盡相同，福龍軒許建勳表演車禍驅煞的鍾馗唸白如下：

> 八月十五赴場科，聖上出旨怨恨多。玉帝賜我青銅劍，遊遍天下斬妖魔。吾神鐘南山鍾馗是也，當初得中二甲進士，皇上見我面醜，自己頭擋金階而亡。陰魂不散，四城啼哭。福德正神賜我文憑，前往訴冤。玉皇大帝知情，賜我永鎮鐘南山，又賜我青銅寶劍，遊行天下斬妖魔。
>
> 今因某地方，某原因請吾神下凡，眾將軍隨吾神起程也。來到某地方來呀。諸位鬼魂不該常在該地方出現擾害地方。今某地方人士準備三牲金帛等式奉敬。受領三牲金帛後，若有祠歸祠，無祠歸萬善堂，受萬世香煙，不可擾亂地方，待吾神作法也[18]。

　　此處鍾馗的英雄氣慨消失了，竟哭哭啼啼地要求土地公幫忙，才能上天訴冤，並獲斬妖除魔的職位。不過仍有一些部份維持原狀，如先前在各章所一直強調的，鍾馗的法力來自他人所賜，這是故事中一個重要的部份，並沒有改變。由前幾章所看到的鍾馗故事可知，不論其餘情節如何修改，冤死和某人賜予法力這兩點是絕不會更動的。另外亂彈戲藝人的表演和傀儡戲也有所差別，不過基本上還是大同小異[19]。

　　據胡萬川引人類學家柯林斯（John J. Collins）的說法，「宗教或巫術的儀式行為所可能包括的要素約有十三項：一、祈禱（Prayer），如求助、謝恩。二、音樂（Music），包括跳舞，擊打樂器。三、肉體的磨練（Physiological exercise），包括齋誡、服藥，或折磨肉體，以求達到出神恍惚的境界。四、布道（Exortation）五、誦經念咒（Reciting the code）。六、模擬的動作（Simulation），如模擬儀式行為中的事物，以獲得人力不能直接取得的東西等。七、靈力（Mana），接觸神物以取得能力。八、禁忌（Taboo），不能觸及犯忌的東西。九、饗宴（Feasts）。十、獻牲（Sacrifice）。十一、聚眾（Congregation）。十二、啟示（Inspiration）。十三、象徵（Symbolish），一些象徵神靈的物件[20]。」試觀察跳鍾馗的表演，它符合了這個定義中的大部分項目。其中撒淨水、打草蓆，更是道教的科儀[21]。可見它已經是一個宗教的儀式。

　　由第三章討論可以知道，在宋朝，宮廷的驅儺儀式已經起了變化。到明清，則幾乎不見記載。而民間方面，在幾個比較大的城市裡，儺也變成乞丐索錢的工具。這些現象所反映出的，是驅儺已經不受民眾相信。究其原因，則和佛道兩教的蓬勃發展有關。蓋驅邪逐鬼之事不論和尚道士都可以作，不必求助於儺。何況這兩教又各有深厚的理論基礎，神明也多，原始宗教儀式自不能望其項背。

　　此處值得探討的是，鍾馗為何能夠在原本出現的儀式消失後，繼續依附別的儀式而存在？筆者以為，這是因為它有一個很成功的出身故事所致。在第二章所提的關於情節單元的定義，正好解釋了這個現象。由於鍾馗故事所包含的情節單元，乃是和捉鬼、吃鬼有關，使它能夠保持其捉鬼的形象。而情節單元所具有代代相傳的特性，又使得它的故事能夠不斷的留傳下來，這是故事影響信仰的一個例證。另外一個例子就是，在敦煌驅儺文中和鍾馗一起驅鬼的白澤，由於沒有有力的故事支持，自宋代就已經從驅儺隊伍中消失，而且一直沒有再回到有關的儀式中來。目前只偶而出現於年畫中，充當鍾馗的坐騎。此外，今天民間的門神多至二十餘位，鍾馗由於有傳說中的驅鬼能力，所以才沒有被擠出 門神行列之外。民眾之所以還會選擇買它來掛，主要也是受了故事所散播的思想所致。在此可以看見故事對信仰留傳的影響力，鍾馗若不是有故事的幫忙宣傳，又怎在後世還能有驅鬼的工作可做呢？民間故事的特性使得它本身可以代代相傳。而信仰初起時也常利用這

個特性來爭取信徒。這種手法從宗教上的升仙成佛到史書裡皇帝出生時的異象均是。在鍾馗故事裡，符合民間故事流傳條件的部分很多。如吃鬼、捉鬼、貼其圖像可驅鬼、含冤而死等，由於鍾馗故事的不斷流傳，才使得信仰能夠延續。

第二節　因「跳鍾馗」而引起的鬼故事

跳鍾馗的演員所面對的乃是不可知的鬼物，對演員來說，表演本身就充滿了危險。明華園歌劇團團長陳勝福，就曾經說了兩個因跳鍾馗而發生的鬼故事：

「有一回，我們明華園劇團和拱樂社劇團合作在麥寮這個地方打對台。一般開戲前，廟必須開廟門，所以由拱樂社的一位老先生『跳鍾馗』。一旦『跳鍾馗』開始之後，整個劇團的配合動作、時間和鑼鼓點都要算得很準。結果當這個鍾馗跳到廟門前，舉腳踹大門時，說也奇怪，竟然踹了三次都踹不開，因為新廟門關得很緊，正巧裡面的人也沒有配合把門拉開，時間剛好是中午十二點。結果這位老前輩一緊張，就喊了一聲「開門！」旁邊幾位老先生聽到後，都說「糟了」，皺了皺眉認為大勢不妙。這位前輩當晚就暴斃死亡，醫生判斷死因是心臟痲痺，可是老先生平常身體健朗，也不曾有心臟不適的問題，大家知道後，都覺得心裡毛毛的。」

另外一次，是我們劇團裡有一個已經過世的老先生叫木秋伯，他是個很有趣的人，自稱是廖添丁的後代，

也有「竊富濟貧」的行為，只要遇到刻薄的老板，他常常會偷東西給團員吃，膽子大得很。可是他卻說：『我一輩子什麼都敢幹，除了跳鍾馗這件事。』因為他一生中只跳過一次鍾馗，就被嚇得膽顫心驚。那次是在台南縣的一個小鄉鎮，由於曾經有人自殺，隔年的同一個時間又有人自殺，傳說是『找替身』。因為地方不太平靜，所以木秋伯就扮鍾馗來驅走鬼魂，俗稱『壓屍』。跳鍾馗的過程中，有一段是鍾馗要拿一隻活生生的白雞，用桃木劍在雞脖上象徵性劃一刀，滴幾滴血。可是木秋伯只是拿木劍割了一下雞脖子，竟然連骨頭都割斷了，只剩下後頭一層雞皮相連，木秋伯很吃驚，心想手中只是枝桃木劍，怎麼可能如此鋒利。於是趕快把雞放下，沒想到這隻雞居然直挺挺的站著，雞頭雖然懸垂著，好像一點事都沒有，還朝著木秋伯盯著看，在這個情況下，據說鍾馗必須趕緊把雞抓住才行。於是雞從戲臺上跳下來，一直往墳墓的方向跑，飾鍾馗的木秋伯手持桃木劍，也跟著往墳墓追，旁邊的文武場都看傻眼了。雞於是停留在一個墳墓周圍與鍾馗捉迷藏，最後還跳到墓碑上，木秋伯仔細一看，赫然發現這個墓碑上死者的名字，竟是自殺的那個人名。幸虧有個老師傅一直追過來，叮嚀木秋伯不可出聲。於是木秋伯只得與這隻雞一直僵持著，直到黎明雞啼聲起，雞才從墓碑上摔下來死了。木秋伯說，從頭到尾都不見鬼魂的蹤影，可是種種巧合，卻把他嚇得魂不附體，發誓從此不再演『跳鍾馗』了[22]。」

此故事與《述異記》的一個故事頗像：「…文明先愛其妻手下婢，妊身將產。葬其妻日，使婢守屋，餘人悉詣墓所；部伍始發，妻便見形，入戶打婢。其後，諸女為父辦食殺雞，劉洗已竟，雞忽跳起，軒首長鳴。文明尋卒，諸男相繼喪亡。[23]」這種動物死而復生的情節，似乎是用來描寫鬼魂附身的好題材。

另沈平山記有二則鍾馗辟煞故事：

「彰化一位演師，符法道行甚高，一次跳完鍾馗，接著搬演人戲，偶而自言道：『等一下吧！』後臺樂師都覺不妙，演完戲後，這位演師延攬所有弟子護法，自己貼滿道符，執劍趺坐唸咒。初時眾鬼被鞭得哀號不北，但厲鬼愈聚愈多，他的弟子都因法力不足而離去，這位法師只得獨鬥眾鬼，經數日，因無食餓死當場。

另臺中一位布袋戲演師，名叫阿頭師，被聘前往凶處制煞，以傀儡除邪斬鬼，初時鬼厲暫避他處，俟跳完鍾馗，厲鬼回來報復，把阿頭師纏死道上，他的兒子也車禍身亡[24]。」

這四個故事讀之令人不寒而慄，都說明了跳鍾馗是相當危險的工作，稍有不慎便會致命。而在這些故事中，鍾馗只是個引發問題的配角，在事情進行中，都不見他有任何表現。試將這四個故事稍為分析，可以大略分為二種含意，一是「不可開口」，一是「法力不足」。這是故事中所傳達出來演員必須引以為戒的事。跳鍾馗時不可開口說話乃是民間藝人們的重要禁忌。大戲班的「跳鍾馗」大致

可分為「閉口」與「開口」兩種，所謂「開口」就是鍾馗
出場吟詩，並有道白；「閉口」則係整場演出中，鍾馗不
發一言，僅由鑼鼓節制動作，俗稱「啞吧鍾馗[25]」。不僅扮
演鍾馗的人絕對不能開口講話，就連旁邊的人也不可稱呼
其名。「因為倘若叫了這個演鍾馗的人的名字，鬼就會知
道他是假鍾馗，而找他算帳[26]。」

此外「法力不足」更是各種宗教驅鬼者們的共通禁
忌。本身法力不足還要跟惡鬼對抗，無異是自尋死路。

《民間禁忌與惰性心理》曾云：

> 構成每一禁忌現象的三個因素是：實行禁忌的主體
> （人）—在一定時間和場合被禁忌的對象—禁忌的
> 目的（避免想像的不幸結果）。這三個因素排列在
> 一起，可以算是禁忌的公式[27]。
>
> 禁忌是人們為了避免某種臆想的超自然力量或危險
> 事物所帶來的災禍，從而對某種人、物、言、行的
> 限制或自我迴避。從許多禁忌的事例中，我們看出
> 一個共同點，就是禁忌被一種超自然的恐怖和危險
> 的氣氛所環繞，實行禁忌的主體—人存在著極重的
> 恐怖心理，他們對那些誰也沒見過，沒經歷過的根
> 本不存在的超自然力量十分敬畏，懼怕神鬼祖靈降
> 災給他們，懼怕惡魔瘟神來困擾他們[28]。

而跳鍾馗所引發的鬼故事中，所要傳達的正是對於觸
犯禁忌的恐懼。在這些鬼故事當中，民間藝人遭遇到了生

命危險之時，並不見鍾馗顯靈解救。可見鍾馗的存在似乎連扮演者自己也不甚相信。故事中諄諄告戒：「不可觸犯禁忌，否則自求多福。」演員們為了生計，才會穿著鍾馗的衣服，化著鍾馗的臉譜，與躲在暗處的惡鬼對抗。可是一旦不小心開了口說一句話，卻連生命也不能保全。救人於苦難的能力之缺乏，恐怕也是鍾馗信仰衰微的原因之一吧。何況光憑著鍾馗的相貌既然不可能把鬼嚇走，那麼貼他的像在門口又有什麼意義？由此可見民間藝人對禁忌的強烈恐懼，已經使貼鍾馗像可辟邪的原始功能都消失了。

　　目前臺灣除了跳鍾馗之外，並沒有在過年或端午節貼鍾馗畫的習俗。而跳鍾馗只是將他當作驅鬼的工具，呼之即來揮之即去，對他只有功利上的利用，而沒有崇敬之情。鍾馗雖然是神明，但是他仍然具有鬼的身份，人們對他並不像對真正的神明那樣地崇敬。尤其在他出身的故事中有冤死一節，更在他身上增添了不吉祥的感覺。他因為民間的信仰與興盛，也因民間信仰的消失而逐漸成為地方性的信仰。其衰微的時間甚至可以上溯自元朝。元朝時雖有祭拜鍾馗的行為，但是升斗小民可以把他任意地扯下來撕碎。而且其法力又明顯不及真正的門神，可見對鍾馗已不再存有很深的敬意。究其原因也許是因為神明漸多，鍾馗只是個驅儺大鬼，又不是像佛祖菩薩那般不可替代。事實上這也反映出了臺灣信仰的功利特質，一般人對神明只是害怕或有所求，而不是崇敬。到處林立的神壇，淪為猜六合彩號碼的地方。像鍾馗這樣高不成低不就的神明，進

入了這樣一個信仰潮流裡，還好有傳說中的驅鬼才能，使得他尚能保有一席之地，不致於因為完全沒有利用價值而被拋棄。

「跳鍾馗」的演員所面對的通常是惡鬼，這件事本身就充滿了危險與衝突，極適合作為發展故事的背景。再加上儀式本身充滿了禁忌，相信只要「跳鍾馗」這種習俗不消失，新的鬼故事必然會不斷增加。而這也正好成為鍾馗發展新故事的另一條徑路。

第三節　小結

跳鍾馗不同於普通的戲劇表演，它是一項宗教性質的驅鬼活動，借重了鍾馗在故事中的驅鬼能力，再加上民眾自己相信的各種儀式，組合而成這樣一個獨特的表演。而鍾馗由於有了故事的幫忙，才能在本身的驅儺儀式消失後，還可以進入其它儀式中繼續生存。

此外，跳鍾馗的表演充滿了禁忌，演員稍一不慎便會致命。而這樣危險的場合也極適合發展新的故事。只要演員觸犯禁忌，為數眾多的鬼故事情節便可以任意套用了。

附註：

1. 劉昭注《後漢書・五行志》卷十三云：「魁欋，喪家之樂。」（北京：中華書局標點本）頁三二七三。
2. 宋錦秀：《蘭陽地區傀儡戲的除煞儀式》（臺北：臺灣大學人類學研究所碩士論文，民國七十五年），頁九〇。

3. 同上註。

4. 《雞籠中元祭祭典儀式專輯》一書中，記有送孤的儀式如下：

   七月十五日夜普施後，照例要跳鍾馗押孤，押送孤幽速離此地。黃澄雄裝扮鍾馗，在原先演戲的戲臺靈表演這段儀式。

   普施後就在慶安宮前高檯上「跳鍾馗」，由北管戲藝人黃澄雄擔任。跳鍾馗的作用凡有多種，大多以驅逐凶煞為主。

   扮鍾馗時頭戴判官帽、披髮、勾鬼臉、掛髯口，並依規矩雙肩貼符，著馬褂、甲裙、通身綠色，裝扮完成後扮相威嚴，身段威武，他嫻熟各種押煞事物，除用雞、鴨血救點，也以草蓆化龍押打五方，並在法劍助威下，讓普施場的孤魂能聽從指令。因雞冠血屬陽，鴨諧音「壓」，故取鴨嘴血，本來血的紅色、陽氣在咒術性思考原則中就具有不可思議的靈力，故可押制孤魂餓鬼。尤其草蓆兩端繫以符紙，點燃後舞動，就象徵化龍，威儀赫赫，押治邪祟。所以當鍾馗持青鋒劍一現，怒目而威，分向五方鎮壓時，就可使普施場上的孤魂滯魄各歸其所。見李豐楙主編，《雞籠中元祭祭典儀式專輯》，基隆市政府發行，民國八十年五月，頁六十六。此外《雞籠中元祭》一書亦有類似記載：服裝…背青鋒寶劍、穿草鞋。儀式：先念咒語，再用嘴咬破雞冠向五方救符，然後舞動一捲兩端點燃符紙的草蓆，以「破五風、壓煞氣」。……優伶扮演的鍾馗先要「請神」一焚香敬請終南山鍾馗爺，左右兩將聖駕速速來臨，待鍾馗神靈附身，便展開驅邪工作。見國立藝術學院傳統藝術研究中心：《雞籠中元祭》（基隆市政府印行，民國七十八年七月）。

5. 邱坤良：〈臺灣的跳鍾馗〉，《民俗曲藝》第八十五期，民國八十二年九月，頁三二七。

6. 同註二，頁九一。

7. 同註五，頁三二八。

8. 同註二，頁九一。

9. 同註二，頁一四六～一五〇。

10. 「傀儡戲的宗教儀式，民間統稱作『出煞』（閩南音）。這個『出』字在語意上具實傳達儀式之目的。『出』即『驅除』之意，因此，『出煞』應即除煞，而非前人研究所稱之『祭煞』。

除煞是一本質上強調儀式內之隔離（separation）成分的宗教儀式，與其他『請』、『謝』、『祈』、『祭』等著重儀式變換（transition）成分的宗教行為有別。因此，相對於歌仔戲、布袋戲等地方戲劇在祈福或酬神等宗教情境的野台表演，傀儡戲的除煞演出具有更強制之儀式目的，亦因此突襯其演出的不可取代性。」見宋錦秀，前引書，頁八八。

11. 同註五，頁三五九。

12. 同註五，頁三三〇．.

13. 同註二，頁一三九。

14. 同上註。

15. 引自邱坤良：〈台灣的傀儡戲〉，《民俗曲藝》（第二十三~二十四期合刊，民國七十六年四月再版），頁十三~十五。

16. 同註五，頁三四三。

17. 同註二，頁一三一。

18. 同註二，頁一一九。

19. 關於亂彈戲的跳鍾馗，在此舉一九七七年農曆七月十二日下午二時，宜蘭壯圍開漳聖王廟「送孤」的跳鍾馗儀式為例。扮鍾馗者為亂彈名伶洪金治，他已不幸於一九七九年因車禍喪生。

（場面打「跳臺」音樂）鍾馗出場，踩七星步，先用右腳尖在臺上劃一「井」字，再把右腳放在井字中間，謂之「造井」，意即將自己魂魄安寄於此，使受神祇保佑。左手比乾坤指，中指在中間，四指圍繞著。鍾馗先看四周有無反應。據表演者云，若覺氣氛「不對」，則將中指咬出血，以血灑向四方。鍾馗亮相後，先念：「頭戴金盔怒氣沖，當初不中狀元公，唐主賜我青鋒劍，巡掃天下斬妖魔。」之類的定場詩，然後敘述自己身世，大意是「俺鍾馗，當年唐王設文武科場，俺中武狀元，唐王見俺青面獠牙，魂消魄散，將俺趕出金殿，俺一怒之下，撞死金階。後來唐王特賜俺金鋒劍，玉皇大帝封俺為平天下妖魔大元帥，命俺巡掃天下妖魔鬼怪。」

（場面吹奏【千秋歲】曲牌）主事者將活雞鴨和熟三牲擺上。鍾馗白：「來到此地，見百姓誠心普渡孤魂，普渡已畢，俺不免作法勒令野鬼魂速速離去，不得在此停留，否則打入酆都地獄。」

（場面奏【清板】）鍾馗拿起活雞鴨，用嘴咬破雞冠鴨啄，在五方敕符。主事者燒紙錢給鬼魂，再放鞭炮嚇走他們。鍾馗云：「尋掃已畢，回天庭繳玉旨。」（場面奏【尾聲】）鍾馗下場，儀式結束。見邱坤良：〈鬼王鍾馗傳奇的兩種形象〉，前引文，頁二七二~二七三。

20. 見胡萬川，前引書，頁六九~七十。

21. 同註二，頁一三四。

22. 〈鬼月鬼話鬼故事〉，《中央日報》，第十七版，民國八十三年八月三十一日。

23. 《古小說鉤沉》，前引書，頁一八七。

24. 沈平山，前引書，頁一八八。

25. 同註二，頁三二九。

26. 同註二二。

27. 李緒鑒：《民間禁忌與惰性心理》（臺北：博遠出版有限公司，民國七十九年一月初版），頁二六。

28. 同上註，頁二七。

第七章　結論

綜合以上各章，可以得到下面的結論：

鍾馗早在北朝就已經出現，當時雖多作鍾葵，但由其辟邪之義可知，二者是相同的。而由唐代的大臣謝表看來，在劉禹錫的時代，鍾馗畫就已經是貼在門上的了。敦煌的驅儺文更明白指出，驅儺時會念鍾馗的名號，可見其存在於儺的時間也不會太短。不過鍾馗此人究竟是從何而來，限於資料的缺代，很難有確定的答案。

鍾馗曾經存在於驅儺儀式當中，所以它可以驅鬼、捉鬼、殺鬼，甚至吃鬼，這些都是驅儺文中出現過的恐嚇言辭。它也有巫師的影子，所以鍾馗只是單身一人，其法力也是他人所賜。賜它法力的有人說是唐朝皇帝，有人說是上帝，不一而足。而其出現時的情景與舞蹈的動作也和巫舞頗像。它的冤死情節則是瘟神故事的通例，但這點卻得到後世不第文人極大的回響，使鍾馗得以跨越文人與庶民之間的鴻溝，進入文人世界。此外，後世對鬼字的運用及鬼的觀念轉變，也促使它上了陽間來斬各種作惡之人，鍾馗所斬的對象一旦由鬼變至惡人再變至所有惡勢力，它的故事就會更加貼近現實人生，而且會永遠生生不息。此外，鍾馗進入門神行列，是它的神格一直不能提昇的重要原因。蓋門神本就不大受人尊重，而隨著門神的功能由辟邪轉變成喜慶，鍾馗也就有了吉祥歡樂的色彩。至於鍾馗小妹，乃是民間驅儺隊伍中的女性腳色，名稱本身並沒有

什麼含意，只是貧丐者隨口取的名字。而鍾馗之所以會成為魁星或花神，則各有地方信仰的因素存在，故僅能作大概的推論。至於鍾馗的醉酒形象，乃是民俗與繪畫結合的產物。

鍾馗的故事不多，但是畫卻不少。由於繪畫上的想像，使鍾馗故事出現了許多新的題材。而文人又在這些畫上題詠，更加強了這些新題材的宣傳。戲曲上的演出則是另一個途徑的發展，而在戲曲上廣受歡迎的故事也隨著戲曲的傳承而流傳至今。

《鍾馗全傳》雖然是本類似傳教性質的書，但是其中許多觀念，卻給後起的兩本鍾馗小說很大的啟發。待《斬鬼傳》一書出，便正式把文人畫及題畫詩上的寄託傳統移到小說來，並且有了精采的發展。有學者甚至認為《斬鬼傳》一書：「應是中國近世諷刺小說的先聲[1]。」可見其藝術成就之高了。

而藉由「跳鍾馗」這項表演，也可以瞭解到鍾馗雖然歷經多次變化，擁有許多不同的面貌。但是它並沒有失去其原始的驅鬼功能，至今仍然站在第一線上，為民眾的安全奮戰著。而它之所以能夠持續地做這個工作，乃是故事所給予的支撐力量，使它有流傳下去的可能。

附註：

1. 胡萬川，前引書，頁八。

參考書目

專書

一、經史

1. 周禮，藝文印書館十三經注疏本，民國七十四年十二月十版。

2. 禮記，藝文印書館十三經注疏本，民國七十四年十二月十版。

3. 儀禮，藝文印書館十三經注疏本，民國七十四年十二月十版。

4. 爾雅，藝文印書館十三經注疏本，民國七十四年十二月十版。

5. 論語，藝文印書館十三經注疏本，民國七十四年十二月十版。

6. 公羊傳，藝文印書館十三經注疏本，民國七十四年十二月十版。

7. 後漢書，范曄，北京中華書局標點本，一九六五年五月第一版。

8. 後漢書志，司馬彪，北京中華書局標點本，一九七五年六月第一版。

9. 晉書，房玄齡等，北京中華書局標點本，一九七四年十一月第一版。

10. 南史，李延壽，北京中華書局標點本，一九七五年

六月第一版。

11.北史，李延壽，北京中華書局標點本，一九七四年十月第一版。

12.梁書，姚思廉，北京中華書局標點本，一九七三年五月第一版。

13.陳書，姚思廉，北京中華書局標點本，一九七二年三月第一版。

14.隋書，魏徵等，北京中華書局標點本，一九七三年八月第一版。

15.新唐書，歐陽修等，北京中華書局標點本，一九七五年二月第一版。

16.宋史，脫脫等，北京中華書局標點本，一九八五年六月新一版。

17.清史稿校註，國史館，民國七十八年二月。

18.大唐六典，文海出版社，民國六十三年六月四版。

19.五禮通考，秦蕙田，新興書局，民國五十九年七月。

二、筆記類書

1. 國史補，李肇，新興書局，筆記小說大觀正編，民國六十二年四月。

2. 讒書，羅隱，新文豐出版公司，叢書集成新編第二十一冊。

3. 楊公筆錄，楊彥齡，新文豐出版公司，叢書集成新編第八十六冊。

4. 西湖老人繁勝錄，大立出版社，東京夢華錄外四

種，民國六十九年出版。

5. 東京夢華錄，孟元老，大立出版社，東京夢華錄外四種，民國六十九年出版。

6. 武林舊事，周密，大立出版社，東京夢華錄外四種，民國六十九年出版。

7. 夢梁錄，吳自牧，大立出版社，東京夢華錄外四種，民國六十九年出版。

8. 新校正夢溪筆談，沈括撰、胡道靜校注，香港中華書局，一九七五年香港第一版。

9. 獨醒雜志，曾敏行，新興書局，筆記小說大觀正編，民國六十二年四月出版。

10.江表志，鄭文寶，新文豐出版公司，叢書集成新編第一一五冊。

11.雲麓漫鈔，趙彥衛，新興書局，筆記小說大觀正編，民國六十二年四月。

12.輟耕錄，陶宗儀，世界書局，民國五十二年四月初版。

13.七修類稿，郎瑛，世界書局，民國五十二年四月初版。

14.事物紀原，高承，商務印書館叢書集成簡編，民國五十五年六月臺一版。

15.日知錄集釋，顧炎武撰、黃汝成集釋，京都中文出版社，一九七八年十月出版。

16.丹鉛總錄，楊慎，商務印書館，景印文淵閣四庫全

書第八五五冊。

17.少室山房筆叢，胡應麟，世界書局，民國五十二年初版。

18.酌中志，劉若愚，偉文圖書出版社，民國六十五年九月。

19.天中記，陳耀文，文源書局，民國五十三年八月初版。

20.古今圖書集成，陳夢雷編，鼎文書局，民國六十六年四月五日初版。

21.陔餘叢考，趙翼，華世出版社，民國六十四年十月初版。

22.春在堂隨筆，俞樾，中國文獻出版社，春在堂全書本，民國五十七年九月初版。

23.茶香室三鈔，俞樾，中國文獻出版社，春在堂全書本，民國五十七年九月初版。

三、詩文小說

1. 王逸注楚詞，黎明文化事業股份有限公司，民國六十二年九月。

2. 文選，蕭統，華正書局，民國七十六年九月初版。

3. 全唐詩，北京中華書局，一九六〇年四月第一版。

4. 欽定全唐文，文友書局，民國六十一年八月。

5. 韓昌黎全集，韓愈，臺灣中華書局，四部備要本，民國五十五年三月臺一版。

6. 陸放翁全集，陸游，臺灣中華書局，民國五十五年

三月臺一版。

7. 誠意伯文集，劉基，商務印書館，景印文淵閣四庫全書第一二二五冊。

8. 未軒文集，黃仲昭，商務印書館，景印文淵四庫全書第一二五四冊。

9. 吳承恩詩文集，吳承恩，河洛圖書出版社，民國六十四年九月臺景印初版。

10.弇州四部稿，王世貞，商務印書館，景印文淵閣四庫全書第一二七九冊。

11.柘軒集，凌雲翰，商務印書館，景印文淵閣四庫全書第一二二七冊。

12.唐伯虎全集，唐寅，東方書局，民國四十五月五月初版。

13.篁墩文集，程敏政，商務印書館，景印文清閣四庫全書第一二五三冊。

14.草閣詩集，李曄，商務印書館，景印文清閣四庫全書第一二三二冊。

15.古文辭類纂，姚鼐輯，王文罐評注，華正書局，民國七十七年八月初版。

16.搜神記，干寶，新興書局，筆記小說大觀四編，民國六十三年七月古小說鉤沉，魯迅，不著出版年月。

17.鍾馗全傳，北京中華書局古本小說叢刊第二輯，一九九○年八月第一版。

18.斬鬼傳（與平鬼傳合刊），河洛圖書出版社，民國
六十九年二月臺初版。

19.斬鬼傳（與平鬼傳合刊），世界書局，民國六十九
年五月六版。

20.小說見聞錄，戴不凡，木鐸書局，民國七十二年
初版。

21.中國小說史略，魯迅，谷風出版社，民國七十八年
十二月臺一版。

22.中國通俗小說書目，孫楷第，木鐸出版社，民國七
十二年七月初版。

23.唐前志怪小說輯釋，李劍國，文史哲出版社，民國
七十六年七月再版。

24.神異經研究，王國良，文史哲出版社，民國七十四
年三月初版。

四、民俗信仰

1. 風俗通義校注，應劭撰、王利器校注，明文書局，
民國七十七年三月再版。

2. 經律異相，佛陀教育基金會，民國七十七年十月
初版。

3. 荊楚歲時記，宗懍，新文豐出版公司，叢書集成新
編第九十一冊。

4. 雲笈七籤，商務印書館四部叢刊正編，民國六十八
年臺一版。

5. 繪圖三教源流搜神大全，聯經出版事業公司，民國

六十九年八月第二次印行。

6. 清嘉錄，顧錄，北京大學民俗叢書第一二八冊。

7. 神考，學生書局，中國民間信仰資料彙編第一輯，民國七十八年十一月景印初版。

8. 越諺，范寅，北京大學民俗叢書七十二。

9. 集說詮真，學生書局，中國民間信仰資料彙編第一輯，民國七十八年十一月景印初版。

10.燕京歲時記，富察敦崇，木鐸出版社，民國七十一年八月初版。

11.歷代神仙通鑑，學生書局，中國民間信仰資料彙編第一輯，民國七十八年十一月景印初版。

12.鑄鼎餘聞，姚福均，學生書局，中國民間信仰資料彙編第一輯，民國七十八年十一月景印出版。

13.北平風俗類徵，李家瑞編，商務印書館，民國二十六年五月。

14.中國古代宗教與神話考，丁山，上海文藝出版社，一九八八年三月。

15.中國民間文化，上海民間文藝家協會、上海民俗學會編，學林出版社，一九九三年四月第一版。

16.中國民間信神俗，劉志文，廣東旅遊出版社，一九九一年九月第一版。

17.中國民間諸神，呂宗力、欒保群編，學生書局，民國八十年十月初版。

18.中國的花神與節氣，殷登國，民生報社，民國七十

二年六月初版。

19.中國神明概論，沈平山，新文豐出版公司，民國六十八年六月出版。

20.中國神仙傳，王兆祥等，山西人民出版社，一九九二年四月第一版。

21.中國神的故事，殷登國，世界文物出版社，民國七十三年十二月初版。

22.中國鬼文化，徐華龍，上海文藝出版社，一九九一年第一版。

23.中國鬼信仰，張勁松，中國華僑出版公司，一九九一年十一月第一版。

24.歲時叢話，婁子匡，北大民俗醹書第一〇三冊。

25.民間禁忌與惰性心理，李緒鑒，博遠出版公司，民國七十九年一月初版。

26.古巫醫與「六詩」考，周策縱，聯經出版事業公司，民國七十五年三月初版。

27.花與花神，王孝廉，洪範書店，民國七十三年八月六版。

28.宗教禮儀與古代藝術，陳榮富，江西高校出版社，一九九四年六月第一版。

29.吳越民間信仰民俗，姜彬主編，上海文藝出版社，一九九二年七月第一版。

30.華夏諸神，馬書田，燕山出版社，一九九〇年二月北京第一版。

31. 諸神起源，何新，木鐸出版社，民國七十六年六月初版。

32. 敦煌民俗學，高國藩，上海文藝出版社，一九八九年十一月出版。

33. 敦煌古俗與民俗流變，高國藩，河海大學出版社，一九八九年十二月出版。

34. 臺灣民間信仰論集，劉枝萬，聯經出版事業公司，民國七十二年十二月初版。

35. 端午禮俗史，黃石，北大民俗叢書第一○二冊。

36. 漢代的巫者，林富士，稻鄉出版社，民國七十七年四月出版。

37. 瘟神傳奇：曾文溪流域王船祭巡禮，黃文博，臺南縣立文化中心，民國八十一年出版。

38. 雞籠中元祭祭典儀式專集，李豐楙主編，基隆市政府，民國八十年五月。

39. 民間信仰與中國文化國際研討會論文集，中央圖書館，民國八十三年四月。

40. 金枝，弗雷則原著、汪培基譯，久大文化、桂冠圖書聯合出版，一九九一年二月初版。

五、戲曲

1. 樂府雜錄，段安節，鼎文書局，歷代詩史長編二輯，民國六十三年二月初版。

2. 元曲選，臧懋循輯，臺灣中華書局，民國七十二年十二月臺四版。

3. 慶豐年五鬼鬧鍾馗，鼎文書局，全明雜劇本，民國六十八年六月初版。

4. 新編目連救母勸善戲文三卷，天一出版社，不著出版年月。

5. 太乙仙夜斷桃符記，商務印書館，孤本元明雜劇第十冊，民國六十六年十二月臺一版。

6. 車王府曲本菁華宋卷，中山大學出版社，一九九一年八月第一版。

7. 曲海總目提要，黃文暘，新興書局，民國六十二年初版。

8. 明雜劇概論，曾永義，學海出版社，民國六十八年四月初版。

9. 參軍戲與元雜劇，曾永義，聯經出版事業公司，民國八十一年四月初版。

10.中國古典戲劇的認識與欣賞，曾永義，聯經出版事業公司，民國八十年十一月臺初版。

11.中國戲曲通史，張庚、郭漢城，丹青圖書公司，不著出版年月。

12.唐戲弄，任半塘，漢京文化事業有限公司，民國七十四年九月出版。

13.話本與古劇，譚正璧，上海古籍出版社，一九八五年四月第一版。

14.京劇劇目初探，陶君起，中國戲劇出版社，一九六三年八月第一版。

15. 京劇劇目辭典，曾白融主編，中國戲劇出版社，一九八九年六月北京第一版。

16. 中國京劇服裝圖譜，中國戲曲學院編，北京工藝學術社，一九九〇年十一月第一版。

17. 中國梆子戲劇目大辭典，山西人民出版社，一九九一年十一月第一版。

18. 川劇志，中國戲曲志。四川卷編輯部編，文化藝術出版社，一九九二年五月第一版。

19. 古典戲曲存目彙考，莊一拂，上海古籍出版社，一九八二年十二月第一版。

20. 戲考大全，上海書店，一九九〇年十二月第一版。

21. 蘭陽地區傀儡戲的除煞儀式，宋錦秀，臺大人類學研究所碩士論文，民國七十五年。

22. 儺戲·儺文化，庹修明，中國華僑出版公司，一九九〇年六月。

23. 民間戲曲散記，邱坤良，明報文化，民國六十八年九月初版。

24. 現代社會的民俗曲藝，邱坤良，遠流出版事業公司，民國七十二年四月初版。

六、繪畫

1. 歷代名畫記，張彥遠，文史哲出版社，畫史叢書，民國六十三年三月初版。

2. 德隅齋畫品，李薦，新興書局，筆記小說三編，民國六十三年五月。

3. 宣和畫譜，文史哲出版社史叢書本，民國六十三年三月初版。

4. 益州名畫錄，黃休復，文史哲出版社，畫史叢書，民國七十四年九月二十日初版。

5. 圖畫見聞誌，郭若虛，廣文書局，民國六十二年六月初版。

6. 鐵網珊瑚，朱存理，中央圖書館，民國五十九年七月初版。

7. 中國畫論類編，河洛出版社，民國六十四年五月初版。

8. 中國民間年畫史圖錄，王樹村，上海人民美術出版社，一九九一年八月第一版。

9. 中國民間年畫史論集，王樹村，天津陽柳青畫社，一九九一年十月第一版。

10. 中國美術史，蔣勳，東華書局，民國八十年二月二版。

11. 河南漢代畫像磚，周到等，丹青圖書公司，民國七十五年臺一版。

12. 美的沉思，蔣勳，雄獅圖書股份有限公司，民國七十五年三月二版。

13. 歷代寫意人物畫欣賞，楊永青，上海人民美術出版社，一九八五年五月第一版。

14. 鍾馗百圖，王闌西主編，嶺南美術出版社，一九九〇年十月第一版。

15. 鍾馗百態，洪立曜，常春樹書坊，民國七十四年三月出版。

16. 繪事奇徵錄，李文漢，遠東出版社，民國五十六年元月初版。

17. 水墨畫法人物、器物，藤原楞山，大藏文化書業有限公司，一九八五年六月初版。

七、其它

1. 莊子集釋，郭慶藩集釋，貫雅文化，民國八十年九月初版。

2. 潛夫論，王符，大立出版社，民國七十三年元月出版。

3. 論衡集解，世界書局，民國六十五年四月三版。

4. 本草綱目，李時珍，文化圖書公司，民國八十一年二月五日出版。

5. 說文解字注，許慎撰、段玉裁注，黎明文化事業股份有限公司，民國七十八年九月增訂四版。

6. 說文通訓定聲，朱駿聲，藝文印書館，民國六十四年八月三版。

7. 明清民歌時調集，上海古籍出版社，一九八七年九月新一版。

8. 敦煌寶藏，黃永武主編，新文豐出版股份有限公司，民國七十五年八月初版。

9. 敦煌歌辭總編，任半塘，上海古籍出版社，一九八七年十二月。

10. 中國上古神話，劉城淮，上海文藝出版社，一九八八年十月第一版。

11. 中國文學史，葉慶炳，學生書局，民國七十九年九月二刷。

12. 說俗文學，曾永義，聯經出版事業公司，民國六十九年初版。

13. 中國俗文學史，鄭振鐸，商務印書館，民國八十一年十一月臺一版。

14. 五十年來的中國俗文學，婁子匡、朱介凡，正中書局，民國五十二年五月臺初版。

15. 中國民間文藝，王顯恩編，上海文藝出版社，一九九二年三月。

16. 中國民間故事類型索引，丁乃通著，孟慧英等譯，春風文藝出版社，一九八三年十一月第一版。

17. 比較文學，金榮華，福記文化圖書有限公司，民國七十一年八月初版。

18. 比較文學理論與實踐，張漢良，東大圖書公司，民國七十五年初版。

19. 主題學研究論文集，陳鵬翔編，東大圖書公司，民國七十二年再版。

20. 中國乞丐史，曲彥彬，雲龍出版社，一九九一年五月臺一版。

21. 中國古舞與民舞研究，殷亞昭，貫雅文化事業有限公司，民國八十年五月。

22. 中國面具文化，郭淨，上海人民出版社，一九九二年二月第一版。

23. 中國笑話書，世界書局，民國七十三年九月七版。

24. 中國舞蹈史二編兩種，歐陽予倩主編，蘭亭書屋，民國七十四年十月初版。

25. 鍾馗神話與小說之研究，胡萬川，文史哲出版社，民國六十九年五月初版。

26. 牛郎織女研究，洪淑苓，學生書局，民國七十七年十月初版。

27. 人類及其象徵，卡爾·榮格等，好時年出版社，民國七十三年六月再版。

報紙及期刊論文（按篇名筆畫排序）

1. 中國年畫中的門神，吳哲夫，國立歷史博物館館刊，第四卷第四期。

2. 中國年畫最大的收藏家—俄羅斯學者阿列克塞耶夫，李福清，中央日報，民國八十四年一月二十九日。

3. 中國儺文化的流布與變異，張紫晨，北京師範大學學報（社會科學），一九九一年第二期。

4. 台灣的傀儡戲，邱坤良，民俗曲藝，第二十三~二十四期合刊。

5. 門神與春聯，高啟智，民間知識，民國六十六年二月出版。

6. 怎樣演鍾馗嫁妹，侯玉山，國劇月刊，第五十二期。

7. 鬼月鬼話鬼故事，中央日報，民國八十三年八月二十一日。

8. 陝北年俗，漢聲雜誌，民國七十九年元月號。

9. 從終葵說到鍾馗，陳友琴，思想戰線，一九七九年第四期。

10. 略談「儺」「打野胡」與秧歌的關係，張喜臻，民間文學論壇，一九八六年第二期。

11. 補記二郎神三官和鍾馗，毛一波，臺灣風物，第十八卷第二期。

12. 畫裡鍾馗，劉芳如，故宮文物月刊，民國七十八年六月。

13. 畫裡鍾馗，崇逸，藝海雜誌，第一卷第三期。

14. 臺灣的跳鍾馗，邱坤良，民俗曲藝，第八十五期。

15. 漫談國劇臉譜，高戈平，國劇月刊，第三十期。

16. 端午節談鍾馗，高拜石，自立晚報，民國五十六年六月十二日。

17. 鍾馗戲表演形態與傳統驅鬼習俗，周鞏平，民俗曲藝，第五十四期。

18. 鍾馗的傳說及其藝術，張道一，民間文學論壇，一九八三年第四期。

19. 鍾馗故事的衍變，大方，大陸雜誌，第四卷第十一期。

20. 「鍾馗」原是中藥名，中央日報，民國八十三年十

月二十日。

21.鍾馗問題，胡萬川，中國小說研究專集五。

22.鍾馗與儺禮及其戲劇，李豐楙，民俗曲藝，第三十九期。

23.鍾馗畫像，毛一波，臺灣風物，第十七卷第五期。

24.儺戲：儺壇和戲曲的雙向選擇，薛宗鄰，戲劇·戲曲研究，一九九四年十一月。

外文部份

1. E.T.C. Werner "A Dictionary Of Chinese Mythology". New York : The Julian Press, Inc. 1961

2. Maria Leach "Dictionary of folklore mythology and legend". New York: Funk& Wagnalls Company

3. 謠曲大觀，佐成謙太郎，明治書院，昭和六年一月印刷發行。

國家圖書館出版品預行編目

鍾馗研究 / 鄭尊仁著. -- 一版,
臺北市：秀威資訊科技, 2004[民 93]
面 ； 公分.-- 參考書目：面
SBN 978-986-7614-28-5（平裝）
1. 民間傳說

539.596 93010324

 語言文學類 AG0016

鍾馗研究

作 者 / 鄭尊仁
發 行 人 / 宋政坤
執行編輯 / 李坤城
圖文排版 / 張慧雯
封面設計 / 莊芯媚
數位轉譯 / 徐真玉 沈裕閔
銷售發行 / 林怡君
網路服務 / 徐國晉
出版印製 / 秀威資訊科技股份有限公司
　　　　　 台北市內湖區瑞光路 583 巷 25 號 1 樓
　　　　　 電話：02-2657-9211　　 傳真：02-2657-9106
　　　　　 E-mail：service@showwe.com.tw
經 銷 商 / 紅螞蟻圖書有限公司
　　　　　 台北市內湖區舊宗路二段 121 巷 28、32 號 4 樓
　　　　　 電話：02-2795-3656　　 傳真：02-2795-4100
　　　　　 http://www.e-redant.com

2006 年 7 月 BOD 再刷
定價：320 元

讀　者　回　函　卡

感謝您購買本書，為提升服務品質，煩請填寫以下問卷，收到您的寶貴意見後，我們會仔細收藏記錄並回贈紀念品，謝謝！

1.您購買的書名：＿＿＿＿＿＿＿＿＿＿＿＿＿＿＿＿＿

2.您從何得知本書的消息？

　□網路書店　□部落格　□資料庫搜尋　□書訊　□電子報　□書店

　□平面媒體　□ 朋友推薦　□網站推薦 □其他＿＿＿＿＿＿

3.您對本書的評價：(請填代號　1.非常滿意 2.滿意 3.尚可 4.再改進)

　封面設計＿＿　版面編排＿＿　內容＿＿　文/譯筆＿＿　價格＿＿

4.讀完書後您覺得：

　□很有收獲　□有收獲　□收獲不多　□沒收獲

5.您會推薦本書給朋友嗎？

　□會　□不會，為什麼？＿＿＿＿＿＿＿＿＿＿＿＿＿＿＿＿＿

6.其他寶貴的意見：＿＿＿＿＿＿＿＿＿＿＿＿＿＿＿＿＿＿

＿＿＿＿＿＿＿＿＿＿＿＿＿＿＿＿＿＿＿＿＿＿＿＿＿＿＿

＿＿＿＿＿＿＿＿＿＿＿＿＿＿＿＿＿＿＿＿＿＿＿＿＿＿＿

＿＿＿＿＿＿＿＿＿＿＿＿＿＿＿＿＿＿＿＿＿＿＿＿＿＿＿

讀者基本資料

姓名：＿＿＿＿＿＿＿＿＿　年齡：＿＿＿　性別：□女 □男

聯絡電話：＿＿＿＿＿＿＿　E-mail：＿＿＿＿＿＿＿＿＿

地址：＿＿＿＿＿＿＿＿＿＿＿＿＿＿＿＿＿＿＿＿＿＿＿

學歷：□高中(含)以下　□高中　□專科學校　□大學

　　　□研究所(含)以上 □其他＿＿＿＿＿＿＿

職業：□製造業 □金融業 □資訊業 □軍警 □傳播業 □自由業

　　　□服務業 □公務員 □教職　□學生 □其他＿＿＿＿＿

(請沿線對摺寄回,謝謝!)

秀威與 BOD

BOD（Books On Demand）是數位出版的大趨勢,秀威資訊率先運用 POD 數位印刷設備來生產書籍,並提供作者全程數位出版服務,致使書籍產銷零庫存,知識傳承不絕版,目前已開闢以下書系:

一、BOD 學術著作—專業論述的閱讀延伸
二、BOD 個人著作—分享生命的心路歷程
三、BOD 旅遊著作—個人深度旅遊文學創作
四、BOD 大陸學者—大陸專業學者學術出版
五、POD 獨家經銷—數位產製的代發行書籍

BOD 秀威網路書店：www.showwe.com.tw
政府出版品網路書店：www.govbooks.com.tw

永不絕版的故事・自己寫・永不休止的音符・自己唱